中南财经政法大学出版基金资助出版

中南财经政法大学
青 年 学 术 文 库

大龄未婚男女问题成因及对策研究：来自中日两国的证据

叶金珍 著

WUHAN UNIVERSITY PRESS
武汉大学出版社

图书在版编目(CIP)数据

大龄未婚男女问题成因及对策研究:来自中日两国的证据/叶金珍著.—武汉:武汉大学出版社,2021.6(2022.4 重印)
中南财经政法大学青年学术文库
ISBN 978-7-307-22053-9

Ⅰ.大… Ⅱ.叶… Ⅲ.婚姻问题—对比研究—中国、日本 Ⅳ.①D669.1 ②D731.381

中国版本图书馆 CIP 数据核字(2020)第 266854 号

责任编辑:唐 伟　　责任校对:李孟潇　　版式设计:马 佳

出版发行:**武汉大学出版社**　(430072 武昌 珞珈山)
(电子邮箱:cbs22@ whu.edu.cn 网址:www.wdp. com.cn)
印刷:武汉邮科印务有限公司
开本:720×1000 1/16　印张:11.5　字数:163 千字　插页:2
版次:2021 年 6 月第 1 版　2022 年 4 月第 2 次印刷
ISBN 978-7-307-22053-9　定价:39.00 元

前　言

2017 年中国单身成年人口逼近 2 亿，2018 年和 2019 年则超过 2 亿，高达 2.4 亿人。随着单身队伍的不断壮大，大规模的大龄未婚男女已经成为一个严重的社会问题。单身人口问题如果得不到解决，晚婚化和不婚化现象将越发严重，伴随而来的则是生育率的持续下降和人口的进一步老龄化。大龄未婚男女现象是如何形成的？关于大龄未婚男女现象的相关研究大多从婚姻匹配、同质婚、异质婚等视角展开，而且基本采用社会学的研究方法而缺乏实证研究的支撑，尚未有文献从配偶搜寻方式变迁的角度分析大龄未婚男女现象的成因。而且，大龄未婚男女一直被视为一个偏个人的问题，尚未引起有关政府部门和政策制定者的足够重视，也缺少解决大龄未婚男女问题的相关对策研究。

相亲和自由恋爱是单身人口寻找结婚对象的重要配偶搜寻方式，选择相亲结婚还是等待自由恋爱机会的出现，这是庞大的单身群体面临的一个现实问题。作者基于微观数据的统计分析发现，中国正处在从相亲结婚到恋爱结婚转变的过渡性阶段，恋爱结婚的人口占比已超过相亲结婚的人口占比，而邻国日本早就经历了这种配偶搜寻方式的转变，超 9 成以上的日本人选择恋爱结婚，而且日本的晚婚化和不婚化现象比中国更为严重。有鉴于此，本书首次基于这两个主流的配偶搜寻方式(即相亲和自由恋爱)，收集中国和日本的相关微观数据，运用经济学的研究方法，从理论和实证两方面分析大龄未婚男女现象的成因和对策，并进行中日两国的比较分析。

本书的研究具有重要的理论意义和应用价值，这主要体现在以下几个方面。

第一，中国日益突出的人口结构问题引起了广泛的关注，但目前学术界的绝大多数研究关注的焦点落在了人口老龄化、低生育率、二孩政策等问题上，讨论单身人口问题的文献相对较少，尤其是从经济学视角展开相关理论和实证研究的非常罕见。而越来越严峻的单身人口问题必将加剧少子化、老龄化等问题，因此，要正确评估人口结构变化和潜在的风险，离不开对单身人口问题的充分和全面的研究。此外，大量研究表明，单身不仅降低了单身个体的幸福感和健康水平，还引发了一些社会问题。由此可见，单身人口问题的研究迫在眉睫，为了顺应时代需求和解决实际问题，本书应运而生。

第二，既有的婚姻经济学相关研究大多数在婚姻匹配理论的基础上展开分析，鲜有研究关注到中国正处在婚恋观的迭代阶段，单身群体在自身婚姻决策上的主导地位越发凸显，选择相亲结婚的人口占比越来越低，恋爱结婚成为多数单身人口的首选。尽管社会学领域对大龄未婚男女的研究较为丰富，但少有研究将配偶搜寻方式的转变和大龄未婚男女结合起来讨论。配偶搜寻方式从相亲为主到自由恋爱为主，是否催生了大龄未婚男女？为了回答该问题，本书运用经济学的研究范式展开理论和实证研究。理论方面，本书将相亲和恋爱这两种配偶搜寻方式纳入经济学的分析框架中，拓展了经济学在社会学、人口结构问题等相关研究上的应用广度和深度，为经济学和社会学在交叉学科领域的融合及拓展性研究提供新的指引。实证方面，本书基于中日两国微观数据，运用多种计量模型实证分析个体选择相亲结婚和恋爱结婚的决定因素、相亲结婚和恋爱结婚的婚姻质量差异以及相亲热潮的有效性。本书的研究较好地弥补了现有研究的空白和不足之处，并为中国大规模大龄未婚男女的成因提供了一种新的解释，同时对不断发酵的“相亲热”是否有效作出判断。

第三，日本早在20世纪60年代就经历了从相亲到自由恋爱的配偶搜寻方式的变迁，而且其不婚化、晚婚化比中国更为严重。有鉴于此，本书基于日本的微观数据展开相应的实证研究，并深度分析日本的“婚姻活动”（所谓的“新式相亲”）的有效性，从而极大地丰富了本书的研究范围和研究结论。中日两国的跨国比较研究不仅有利于我们更好地认识两国的配偶搜寻方式变迁的成因及后果，也为中国式相亲失败提供了一种解释，即由父母安排而子女无主动性。总之，对日本新式相亲的研究不仅有助于我们找出中国“相亲热”失败的内在原因，还为中国解决大龄未婚男女问题指明了一个新的方向，并为中国制定单身人口政策以及组织单身联谊活动提供一定程度的启示，即相亲活动成功的前提是激活单身人口寻找结婚对象的自发性，单身群体找对象要像找工作一样地自愿和主动，而非被动地由父母安排。

本书可分为四个部分，第一部分为导论和文献回顾，对应第一章和第二章，第二部分依次围绕个体特征与配偶搜寻方式的关系、不同的配偶搜寻方式对婚姻质量的影响及其作用机制展开，对应第三章、第四章和第五章，第三部分重点研究愈演愈烈的相亲热潮的有效性以及日本的婚活热潮为何能推动新式相亲结婚，对应第六章和第七章，第四部分是结论与政策启示，对应第八章。其中，第二部分和第三部分，也就是第三章到第七章构成了本书的主体部分，其具体研究内容和相关结论可归结为如下四个方面：

首先，第三章构建包含相亲和自由恋爱的理论模型，并提出理论假说。实证方面，为验证理论假说，搜集了中国CFPS、CGSS数据和日本JGSS、JPSC数据，综合运用Logit模型、Probit模型、多项Logit模型分析选择相亲结婚的决定因素。中国的数据完全支持理论假说，以CFPS数据的回归结果为例，受教育水平越高，越倾向于恋爱结婚；观念越传统，越倾向于相亲结婚；母亲受教育程度越高，越倾向于恋爱结婚；70年代和80年代的出生队列更倾向于恋爱结婚，提高性别比将降低相亲结婚的可能性。日本的数据部分支持理论假说，以 JGSS 数据的回归结果为例，年龄越大，越可能相亲结婚，受教育程度与观念传统程度的系数正负符号、显著性与中国数据的回归结果类似。然而，在日本，家庭社会资本对个人选择相亲结婚还是恋爱结婚无显著性影响，其可能的原因是，随着经济发展和家庭模式的改变，父母和兄弟姐妹对个体择偶、婚姻问题的介入逐渐减少。这也可能是中国未来将面临的情况。上述结论为中日两国大龄未婚男女现象的成因提供了一种解释，即相亲结婚占比下降的同时，并未出现可以替代相亲的配偶搜寻方式，而恋爱机会未能在适婚年龄及时出现，因此催生了大量的大龄未婚男女。

其次，第四章基于理论模型还发现，自由恋爱式婚姻比相亲式婚姻的效用更高，相亲式婚姻比自由恋爱式婚姻更稳定。基于理论假说，我们运用中国 CFPS2014 年的数据，建立有序 Logit 模型、有序 Probit 模型来分析相亲对婚姻满意度的影响，建立离散时间 Logistic 模型、Cox 比例风险模型来分析相亲对婚姻稳定性的影响。实证结果和理论假说一致，说明相亲降低了婚姻满意度，但也导致了更稳定的婚姻。实证结果还表明，长相越漂亮，婚姻满意度更高，然而，是否漂亮对婚姻稳定性无显著性影响。这和现实相符，漂亮的人不一定擅长处理婚姻生活中出现的问题，长得漂亮不意味着婚姻稳定。为了克服样本的选择性偏差，我们还建立了 Heckoprobit 模型和 Heckprobit 模型，结果发现，相亲对婚姻满意度仍具有负向影响，相亲有利于降低离婚风险。同时，考虑到相亲的内生性问题，我们构建 2 种工具变量，即父母是否相亲结婚、父母是否相亲与区县-城乡-同年龄段相亲的交互项，运用 CMP 估计法进行回归分析，实证结果再次验证了理论假说。从相亲结婚到恋爱结婚的转变，看似只是时代背景下的产物。本书通过比较研究相亲和自由恋爱这两种配偶搜寻方式下的婚姻质量，为婚恋观的转变提供了一种解释。

再次，在第五章中，本书基于理论模型，运用联立方程模型、中介效应模型和工具变量法等多种计量技术研究相亲结婚对婚姻幸福感的作用机制。结果发现，相亲结婚经由物质匹配度路径进而影响幸福感的中介效应显著为正，该结论对男性、女性以及不同婚龄的群体都成立。这为社会上四处盛行的“相亲角”“相亲潮”提供了一种正面的评价。实证还表明，相亲结婚经由精神匹配度路径进而影响幸福感的中介效应显著为负，该结论为单身人口，特别是重视精神匹配度的单身人士拒绝相亲结婚提供了一种解释。同时，基于KHB方法的机制分析发现，相亲通过影响夫妻之间的精神匹配程度进而降低了婚姻满意度，精神匹配度是相亲影响婚姻满意度的重要渠道，但不是影响婚姻稳定性的显著性渠道。

最后，第六章基于中日两国数据，根据微观个体数据的地理位置信息，首次将相亲大数据和微观个体数据进行匹配，实证分析了中日两国宏观上的相亲热度对个体选择相亲结婚的影响。结果表明，“相亲热”对人们是否选择相亲结婚无显著性影响，中国和日本数据均支持该观点。同时，基于日本数据的分析发现，“相亲热”对新式相亲结婚具有显著的正向推动作用。第七章的研究发现，“相亲热”通过提高人们的婚活参与度与婚活成功率进而提高了新式相亲结婚的概率。结合中国和日本的经验证据，我们可以基本认为，由父母主导的传统相亲热潮难以有效解决单身子女的婚姻问题，依托政府力量或社会组织等开展的新式相亲热潮则一定程度上助推了相亲结婚。通过中日对比研究可知，中国持续发酵的节假日相亲热潮之所以低效，一个可能的解释是，在相亲过程中，如果丧失了单身个体的主动性，单纯由父母或亲友主导，虽然提高了相亲的参与度，但不能提高相亲的成功率。

综上所述，本书的研究结论主要有以下三点政策启示。第一，随着全民受教育水平的提升，人们在学校待的年数增加，如何协助单身男女大学期间或者研究生期间告别单身？这就需要有针对性地引导和相应的政策支持，例如学校内部或者跨校组织联谊活动，也可以经由校友会等组织举办校企之间的联谊。第二，相亲活动的组织者或策划方（婚介、亲友、父母或其他组织）不仅需要考虑相亲男女在物质上的适配性，还应当在掌握相亲男女信息的基础上，充分了解相亲男女的在精神层面的匹配程度。第三，中国目前以父母和亲友主导的传统相亲热潮并不能有效助推单身人口告别单身，为了缓解单身人口压力，推行类似日本“婚活”的一些新式相亲是非常必要和迫切的。当然，新式相亲的关键要素是激发单身人口自身寻找对象的积极性，而不是被动接受，这也是各类相亲活动组织者以及政策制定者需要引起足够重视的地方。

目　录

第一章
问题的提出

自1789年马尔萨斯的《人口论》出版以来，人口与经济的关系在交叉学科领域研究中备受关注和热议。大量的相关交叉学科研究聚焦在少子化、进城务工人员与留守儿童、老龄化等问题上，然而，但这些相关研究往往忽略了一个重要问题，即大量单身青年与低生育率、人口结构失调的关系。根据《中国统计年鉴》最新的抽样数据显示，中国内地成年未婚人口已经达到2.4亿人。单身人口问题如果不得到解决，晚婚化和不婚化现象将越发严重，伴随而来的则是生育率的持续下降。那么从长期来看，势必导致人口的进一步老龄化。

大龄未婚男女现象不单单是中国独有的现象，也是发达国家面临的一大难题。根据美国劳工统计局提供的数据，16岁以上的美国人当中，单身人口早在2014年就高达1.246亿，占美国总人口的一半以上。在“浪漫之都”法国巴黎，单身人士家庭占到一半以上，而在瑞典首都斯德哥尔摩，这一比例高达60%。中国的邻国日本早在2015年，男性终身未婚率就达到23.37%，女性终身未婚率已达14.06%，而单身人口的上升趋势将愈演愈烈。据日本国立社会保障和人口问题研究所预测，2035年单身人口将突破4800万，占日本总人口的近一半。

相对于欧美国家，中国和日本这些亚洲国家对待婚姻关系更加保守。而且，中国和日本作为一衣带水的邻邦，日本曾经将中国视为文明上国而学习，日本书化中有许多中国文化烙印，中国和日本在婚姻上的共性相对较多。因此，为了进行兼具实用价值和借鉴意义的跨国经验研究，分析日本而不是欧美国家的大龄未婚男女现象是一个较为理性的选择。接下来，本书将重点探讨中国的大龄未婚男女现象的演变、成因和对策，并和日本的相关情形进行对比研究。

第一节　背景资料

一、中国的大龄未婚男女现象

由图 1.1 可知，自 2009 年到 2017 年，未婚男性占男性人口的比重均超过 20%，未婚女性占女性人口的比重均超过 15%。据此我们可以估计到，每 20 位成年男性中，至少有 4 位男性未婚，而每 20 位成年女性中，至少有 3 位女性未婚。由此可见，大龄未婚男女问题已经成为中国一个非常严重的社会问题，规模如此庞大的单身群体值得学术界更多的探索和讨论。

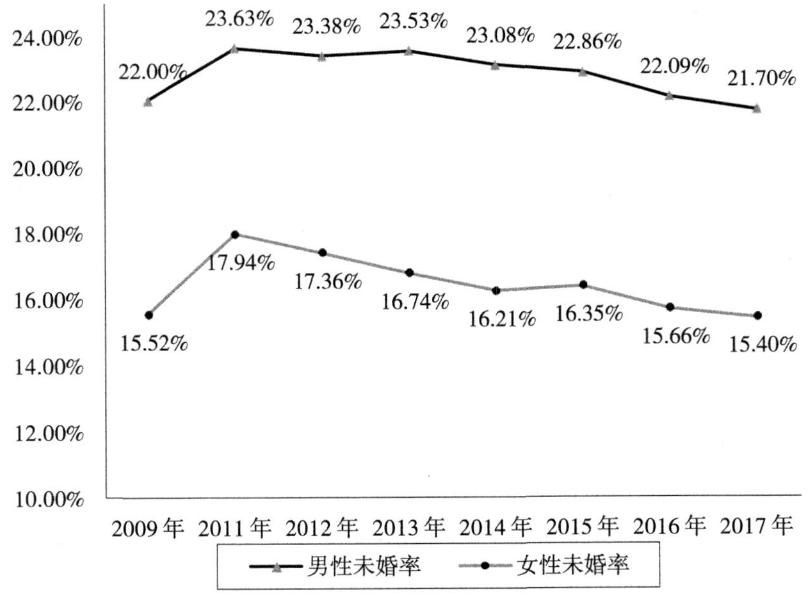

图 1.1　15 岁及以上未婚人口占比（中国）

资料来源：作者基于历年《中国统计年鉴》整理得到。

二、日本的大龄未婚男女现象

由图 1. 2 可知，自 20 世纪 60 年代起，终身未婚率不断攀升(50 岁及以上的无婚史人口占比)，2015 年男性终身未婚率高达 23. 37%，女性终身未婚率已达 14. 06%。自 80 年代起，15 岁及以上未婚人口占比一直保持上升趋势，男性未婚人口占比从 28. 60%上升至 2015 年的 31. 80%，女性未婚人口占比则从 20. 90%上升至 23. 20%。总体而言，男性未婚人口比重远大于女性，这和中国的情况类似。

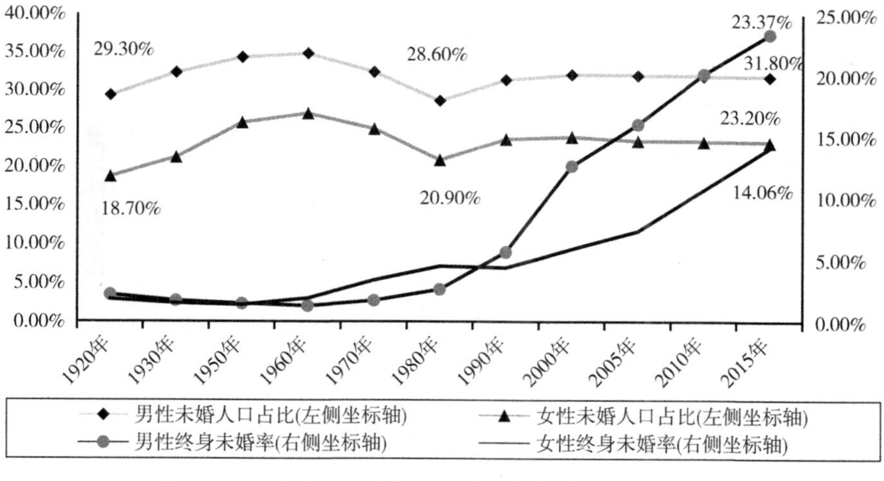

图 1. 2　15 岁及以上未婚人口占比与终身未婚率(日本)

资料来源：作者基于日本总务省统计局国势调查报告整理得到。

对比图 1. 1 和图 1. 2 可知，近年来，日本的未婚女性占女性人口的比重和中国未婚男性占男性人口的比重基本相当(20%以上)，而且日本的男性未婚人口占比和女性未婚人口占比均远高于中国的相应情形，这说明日本的大龄未婚男女现象更为严重。另外，本书还整理了日本不同年龄段男性和女性的未婚人口占比，详见本章附录的附图 1. 1。从附图 1. 1 可以看出，2015 年 25～29 岁年龄段的人群中，每 10 位男性中 7 人以上单身，每 10 位女性中 6 人以上单身，30～34 岁年龄段的人群中，每 10 位男性中差不多有5人单身，每10位女性中3人以上单身，这些数据足以证明日本单身人口问题已达到极其严重的境地。

进一步地，本书基于日本出生动向调查的最新数据，整理出历年日本男性和女性的平均初婚年龄以及平均交往时间，如图1.3所示。从图1.3可知，1987—2015年，男性平均初婚年龄从28.20岁上升至30.70岁，女性平均初婚年龄从25.30岁上升到29.10岁。在晚婚盛行的同时，平均交往时间也在不断延长，2015年，初婚夫妻的平均交往时间高达4.34年，而平均交往时间的延长将进一步催生晚婚化。

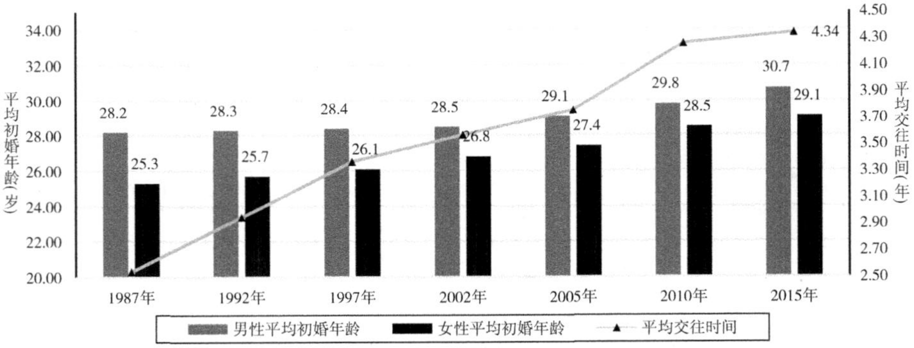

图1.3　平均初婚年龄与平均交往时间(日本)

资料来源：作者基于日本出生动向基本调查数据整理得到。

结合图1.2和图1.3可知，近年来，日本的不婚化和晚婚化现象愈演愈烈。结合图1.1、图1.2和图1.3可知，日本面临的单身人口问题相较于中国更加严峻。那么，日本目前正在经历的现象是否中国未来将要面临的情况？为了避免中国单身人口的进一步膨胀，充分研究日本的大龄未婚男女问题，并了解日本解决问题的途径具有重要的现实意义。

三、相关主流研究：基于婚姻适配性

超过2亿的单身适龄未婚群体不论选择推迟结婚还是选择终身未婚，都会间接加剧人口结构失调问题，进而给经济社会发展带来一系列复杂的影响。党的十九大报告出要加强人口发展战略研究，这就要求我们准确把握当前中国人口发展态势，进一步深化人口与社会经济发展的相关研究，找出大龄未婚男女现象形成的真正原因，进而对症下药。然而，现有研究对单身人口问题的关注相对较少，而且基本上都是围绕婚姻匹配理论展开讨论的。

（一）社会学领域

大多数研究单身问题的文献都是从社会学角度展开讨论的，这些文献大多运用婚姻匹配理论来解释大龄未婚男女现象。目前学术界一致认为，同质婚是中国主要的婚姻匹配方式，尽管未婚人口中大龄男性多于大龄女性，但大龄男性主要生活在农村，大龄女性主要生活在城镇，而且大龄男性文化程度较低，大龄女性文化程度较高，由此造成大龄男性与大龄女性难以匹配（张翼，2013）。

（二）经济学领域

值得一提的是，社会学领域的相关研究不仅没有数理模型的推导，也缺少实证数据的支持。Becker（1971）将家庭单位纳入标准的经济学分析框架，从而开辟了经济学和人口学的一个新的交叉学科研究领域。自此涌现了一大批运用经济学方法讨论婚姻问题的文献。一些经济学家认识到婚姻和经济社会密切相关，因而着重分析婚姻双方的社会经济特征的配对关系。随着微观数据资料和计量技术的逐步完善，一些经济学家开始运用微观数据来实证分析男女双方在年龄、职业、收入、社会地位、教育、种族、宗教等维度的匹配情况（Epstein and Guttman，1984；Goldin et al.，2006）。

第二节　基于相亲与自由恋爱视角的研究方向

表 1.1 是第六次人口普查不同年龄段未婚人口在城市、镇和农村的分

布百分比。从表 1.1 可知，无论是哪个年龄段，未婚女性在城市的分布百分比都大于同一年龄段的未婚男性，而未婚男性在农村的分布百分比都大于同一年龄段的未婚女性，这恰好印证了“城市剩女、农村剩男”的说法，一些研究认为，未婚男性和未婚女性在城市和农村的分布不对称造成无法匹配。那么，值得我们深思的是，除了未婚人口的性别比在空间分布上不对称之外，未婚人口自身的特征或者自身的主动选择是否带来了单身的结果？为了回答这一问题，需要我们从经济学角度展开微观个体数据的实证研究。

表 1.1　　中国第六次人口普查不同年龄段未婚人口在城市、镇和农村的分布(单位:%)

年龄段	男性			女性		
	城市	镇	农村	城市	镇	农村
25~29 岁	46.19	16.13	37.68	50.76	15.85	33.40
30~34 岁	38.59	14.40	47.02	50.53	14.43	35.04
35~39 岁	27.90	13.43	58.67	51.50	14.08	34.43
40~44 岁	21.29	12.91	65.80	51.87	14.27	33.86
45~49 岁	19.45	12.30	68.24	54.24	14.29	31.47

资料来源：作者根据《2010 年人口普查资料》整理得到。

运用经济学方法讨论婚姻问题在一定程度上可以弥补纯社会学研究在理论上和实证上的空白。遗憾的是，鲜有文献从经济学视角研究大龄未婚男女现象，而且，既有研究基本是围绕婚姻匹配这个基本落脚点展开讨论的。不过，无论采用的是经济学方法还是社会学方法，基于婚姻匹配理论的研究结论成立的基本前提假设是，适婚男女双方根据双方的个体特征是否匹配来进行配偶搜寻行为的。该假设忽略了个体的主观能动性，除了男女双方特征的婚姻适配性之外，是否存在其他因素影响婚姻市场？

随着时代的进步和人们思想观念的转变，中日两国的婚恋观也在发生明显的变化。依靠父母之命的包办式婚姻逐渐消失，越来越多的单身群体在自身婚姻决策中处于主导地位。因此，如果不考虑婚姻搜寻主体从父母过渡到单身个体的话，大龄未婚男女现象的相关研究结论也在一定程度上偏离了实际情况。

本书在结合中日两国的现实背景的基础上，充分梳理既有相关研究，发现了三个新的研究方向。第一，婚恋观迭代是否意味着配偶搜寻方式也发生着相应的变化？这种变化将如何影响婚姻市场？第二，中国式相亲的典型特征是，父母介入子女婚恋，节假日“高频相亲”现象屡见不鲜，那么，持续发酵的“相亲热潮”有利于人们解决单身问题吗？第三，日本比中国更早地经历了大龄未婚男女问题，那么，日本有哪些应对策略或者经验值得中国来学习和借鉴？本节余下部分将围绕这三个方向展开具体的讨论。

一、配偶搜寻方式：相亲结婚还是自由恋爱结婚？

早期研究将配偶搜寻方式分为父母包办和恋爱结婚两大类，其中，父母包办式婚姻意味着个体无任何婚姻自主权，恋爱结婚意味着个体拥有完全的婚姻自主权。伴随着非工业化社会向工业化社会转型，父母完全承担配偶搜寻和婚姻决策两方面角色的包办式婚姻越来越少，因此，传统的配偶搜寻方式分类不再符合现实情况，相亲结婚（半包办式婚姻）逐渐成为部分亚洲国家的一种过渡型婚配匹配方法（Lee and Stone，1980；Murstein，1980；Tsutsui，2013）。日本和中国先后经历了从父母包办到相亲结婚、从相亲结婚到恋爱结婚的配偶搜寻方式的变迁（Xu and Whyte，1990；Retherford and Ogawa 2006；Zang，2007）。

（一）配偶搜寻方式变迁

缺少相关数据是中国配偶搜寻方式研究面临的一个挑战。目前历年《中国统计年鉴》以及其他的宏观数据尚未能包含这方面数据。幸运的是，作者通过搜集各类微观数据，发现中国家庭追踪调查（简称 CFPS）成人调查问卷详细询问了“与配偶/同伴的认识方式”。CFPS 数据为我们研究配偶搜寻方式变迁提供了可行的数据资料，本章基于 CFPS 数据，进行统计处理，结果见图 1.4。图 1.4 表示中国的配偶搜寻方式随结婚年份的变动趋势。从图 1.4 可知，在中国，尽管相亲结婚仍是主流的配偶搜寻方式，其占比在 20 世纪 70 年代中后期达到最高点，随后开始下降，2010 年以后，跌至 57.89%，而恋爱结婚占比一直呈上升趋势，1960—2014 年，恋爱结婚占比从 10.63%上升至 38.03%。图 1.4 还表明，除了相亲结婚和恋爱结婚这种常见的配偶搜寻方式之外，其他配偶搜寻方式(主要指代父母包办)占比不断下降，以父母包办为代表的其他配偶搜寻方式从 1960 年的 21.83%降至 2014 年的 4.08%。由此可见，父母包办式婚姻的消失是一种必然趋势，中国的配偶搜寻方式发生了深刻的转变。而从相亲结婚到恋爱结婚转变的同时，则伴随着大龄未婚男女现象的日趋严重。

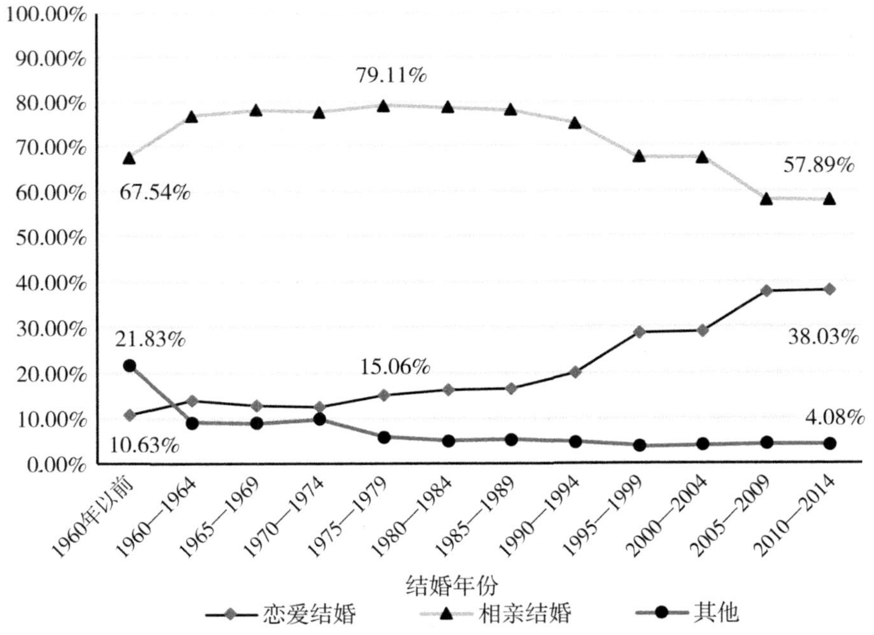

图 1.4 中国历年配偶搜寻方式构成

资料来源：作者基于 CFPS 数据整理得到。

相对而言，在日本的数据资料中，包含配偶搜寻方式的数据较多，这可能和日本较早地经历了大龄未婚男女和少子化等问题有关。在各类可行的数据中，本书选取了样本规模较大的日本出生动向调查数据。经统计处理后，得到图 1.5。图 1.5 表示日本的配偶搜寻方式随结婚年份的变动趋势。从图 1.5 可知，在日本，1964 年以前，相亲结婚曾是最主流的配偶搜寻方法，1930—2014 年，相亲结婚占比从 69%下降至 5.50%，而恋爱结婚占比从 13.40%上升至 87.70%，自 1965 年起，恋爱结婚成为最主流的配偶搜寻方法。同样地，恋爱结婚盛行的同时，单身人口问题越发凸显。

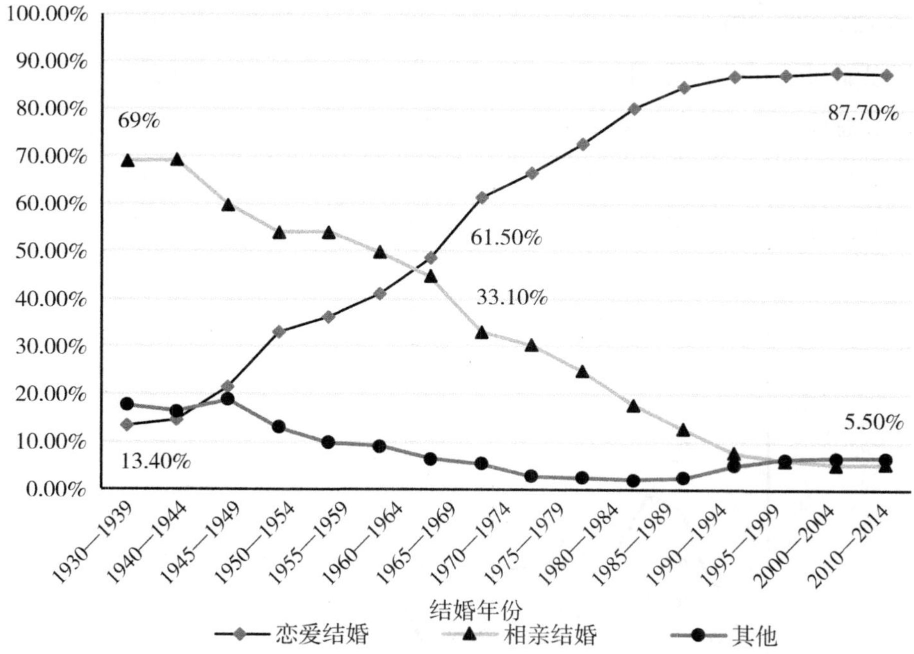

图 1.5　日本历年配偶搜寻方式构成

资料来源：作者基于日本出生动向调查数据整理得到。

(二) 中日两国比较分析：区分性别和结婚年龄

在中国，相亲结婚已经取代包办婚姻而成为主流的配偶搜寻方式。在日本，恋爱结婚则已经取代相亲结婚成为近 9 成日本人的配偶搜寻方式。参照日本的经验，恋爱结婚有可能取代相亲结婚而成为中国绝大多数人自主选择的配偶搜寻方式。

由于图 1.4 和图 1.5 所采用的数据来自全样本，为了更为细致地反映不同性别、不同年龄的群体在配偶搜寻方式上的变化趋势，作者基于中国 CFPS2014 年数据、日本出生动向基本调查 2015 年数据进行统计分析。同时，为了反映近年来的配偶搜寻方式变动趋势，我们仅选取截止调查年份婚姻持续时间尚未超过 5 年的在婚状态样本，中国的统计结果见图 1.6，日本的统计结果见图 1.7。观察图 1.6 可知，在中国，对于结婚年龄在 20~26 岁的已婚女性，相亲结婚的样本量显著大于恋爱结婚的样本量，这对已婚男性同样适用。随着结婚年龄的增长，选择相亲结婚的人口急剧下降。总体而言，对于年龄不超过 26 岁的群体而言，无论是男性还是女性，相亲结婚仍是主要的配偶搜寻方式，同时，恋爱结婚也是一种极其重要的配偶搜寻方式。对于年龄超过 26 岁的群体而言，无论男性还是女性，恋爱

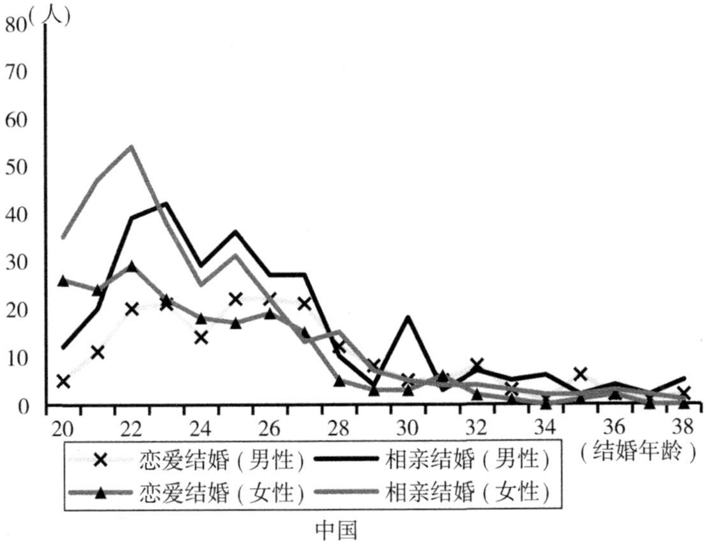

图 1.6 按结婚年龄分组的配偶搜寻方式

资料来源：作者基于中国家庭追查调查(CFPS)数据整理得到。

结婚和相亲结婚的人口难分高下，自由恋爱和相亲是同等重要的配偶搜寻方式。

图 1.7 表示日本男性和日本女性的配偶搜寻方式随着结婚年龄的变化趋势。无论是男性还是女性，恋爱结婚都是绝大多数人选取的配偶搜寻方式，随着结婚年龄的增加，恋爱结婚人口先上升后下降，恋爱结婚人口在 26~28 岁达到峰值。从整体来看，对于任意结婚年龄的已婚男性或女性，恋爱结婚均处于领先地位，相亲结婚则是极少数人选择的配偶搜寻方式。

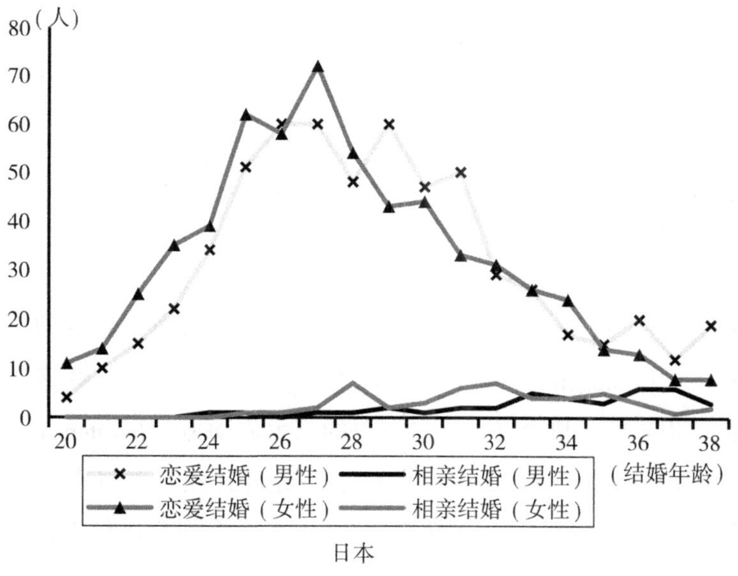

图 1.7　按结婚年龄分组的配偶搜寻方式

资料来源：作者基于日本出生动向基本调查数据整理得到。

(三) 大龄未婚男女的配偶搜寻方式

目前各界人士对大龄未婚男女年龄的界定标准不尽相同。根据网络上一份 8000 余名职场人参与的调查显示：男性达到 35 岁及以上称为大龄未婚男性(以下称“大龄男性”)，女性达到 28 岁及以上称为大龄未婚女性(以下称“大龄女性”)。调查中，34.2%的男士认为28岁仍是单身的女性就是大龄女性；而近四成女士表示30岁才算大龄，还有超过两成女性认为，35岁才归入大龄女性。

然而，不管对大龄未婚男女的年龄采用何种界定方式，我们都可以根据图1.6和图1.7对大龄男性和大龄女性们的配偶搜寻方式作出清晰的判断。从图1.6可知，在中国年龄位于26~32岁的群体中，无论男女，选择相亲结婚和恋爱结婚的人数不相上下，在年龄位于32岁以上的群体中，选择恋爱结婚的人数比选择相亲结婚的人数更胜一筹，这在32岁以上的男性群体中表现尤为突出。从图1.7可知，相较而言，在日本，无论在哪个年龄段，无论是男性还是女性，恋爱结婚这种配偶搜寻方式都占有绝对地压倒性地位。

(四)一些思考

1. 相关研究及不足

在社会学领域，一些学者已经着手探索配偶搜寻方式转变的原因。其中，独立理论(Independency Theory)认为，经济独立、传统婚姻观念的淡化及自主认识异性的机会增加是最主要的三大驱动力(Thornton and Fricke, 1987)。受教育程度的提高及其带来的潜在经济独立是单身青年获得婚姻自主权的基本原因(Strange, 1976)，另一方面，受到现代化文化熏陶，个体更倾向于恋爱结婚(Ghimire et al., 2006)。东亚国家正经历着快速的社会结构变迁，一些东亚国家存在严重的性别不平等问题，女性的幸福更加依赖于丈夫的性格和社会地位，因此，父母可能在女儿婚姻的介入多于在儿子婚姻的介入(Tsutsui, 2013)。

然而，社会学领域文献缺乏微观数据支撑，因而也未能从微观个体层面讨论个体的哪些特征影响了其婚姻搜寻方式。在经济学领域，绝大多数相关实证研究是从男女双方个体特征的婚姻匹配性的角度来展开讨论的，其落脚点在同质婚和异质婚上，因此，这些研究难以解释为什么越来越多的人放弃相亲结婚，而去选择等待一段爱情的出现。由此可见，社会学领域和经济学领域的相关文献都是在婚姻匹配理论的框架下展开讨论的，鲜有研究从单身个体的配偶搜寻方式着手展开微观数据的实证研究，这就构成了本书所讨论的根本所在。

2. 本书拟研究的方向之一

在婚恋观日益多元化的背景下，人们认识对象的方式是也在发生明显的变化，越来越多的人群选择恋爱结婚，这在大龄未婚男女人群中表现尤为突出。但是，恋爱机会的出现具有随机性，并不是人为可以控制的，这就在一定程度上解释了人们选择推迟结婚或者不结婚的原因，进而解释了大龄未婚男女现象。当然，这只是基于统计图表得出的观点，还需要实证研究来证实或者证伪。而且，为什么越来越少的人群选择相亲结婚？找出其背后的原因有利于我们更好地解释大龄未婚男女现象，从而对症下药，制定相应的单身人口政策。

哪些单身男女通过相亲来寻找结婚对象？哪些单身男女拒绝相亲结婚？换言之，谁会选择相亲结婚？谁会选择恋爱结婚？微观个体的哪些特征显著影响了其配偶搜寻方式？相亲结婚和恋爱结婚一样地幸福吗？相亲结婚和恋爱结婚的婚姻质量是否显著不同？本书就这些问题展开研究。需要注意的是，配偶搜寻方式的改变与微观个体特征的关系的研究是一个新的研究方向，目前尚无基于中国数据的相关研究，这就要求我们运用经济学的实证分析方法，研究微观个体的特征对该个体的配偶搜寻方式产生的影响。

二、“相亲热”推动了相亲结婚吗

（一）中国式逼婚与“相亲热潮”

1. 中国式逼婚

中国大量的单身人群有着“每逢佳节被相亲”的经历。2017 年《中国男女婚恋观调研报告》显示，过去一年，受访者人群中，被父母逼过婚的男、女占比分别为 56%和 50%，而逼婚压力还在持续上升。近年来，网络流传各种“反相亲攻略”“反逼婚攻略”。

本书采用爬虫技术，提取了百度搜索引擎上“逼婚”大龄女性、大龄男性这3个关键词的百度指数，如图1.8所示。从图1.8可知，每年农历新年月份(1月或2月)的“逼婚”关键词的搜索量达到峰值，这正印证了一句网络流传语“每逢佳节被逼婚”。同时，网民对大龄女性的关注度远高于大龄男性，其可能的原因是，大龄女性主要分布在城市，大龄男性主要分布在农村(张翼，2013)，而城市的网络普及度高于农村，此外，受到“男主外、女主内”等传统观念影响，女性在婚恋问题上更容易遭遇性别歧视和年龄歧视。《中国逼婚现状调查报告》显示，25至35岁的单身人口被逼婚的概率高达86%，女性承受的逼婚压力大于男性，该结论和图1.8反馈的信息一致。

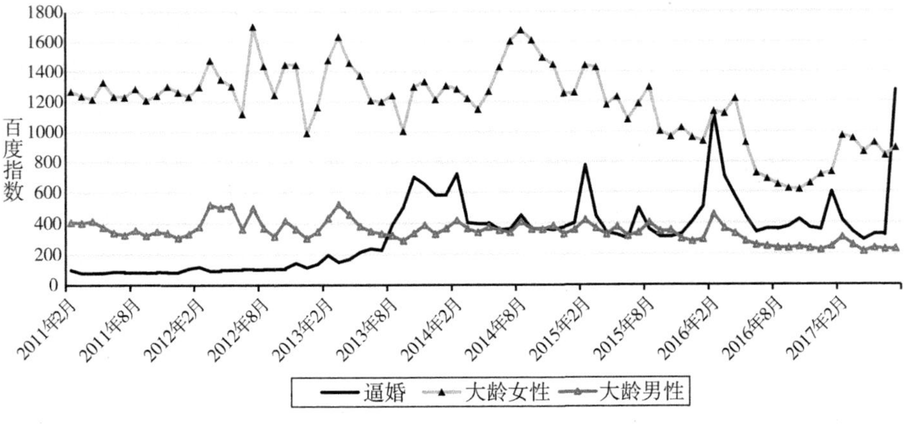

图1.8 逼婚、大龄女性、大龄男性的网络关注度(中国)

资料来源：百度指数(http://index.baidu.com)。

2. 逼婚压力下中国的“相亲热”

图1.9表示网民对相亲、房产、户口的月均搜索趋势，每年相亲的搜索峰值出现在2月或者1月，即春节前后，这和春节返乡相亲潮现状相吻合，恰好证实了“每逢佳节被相亲”的现象。需要注意的是，春节前后网民对房产、户口的关注热度也达到波峰，房产和相亲的搜索趋势变化特征极

为相似，户口和相亲的搜索波峰对应月份较为接近，这从侧面反映了中国式相亲对房产和户口的充分重视。

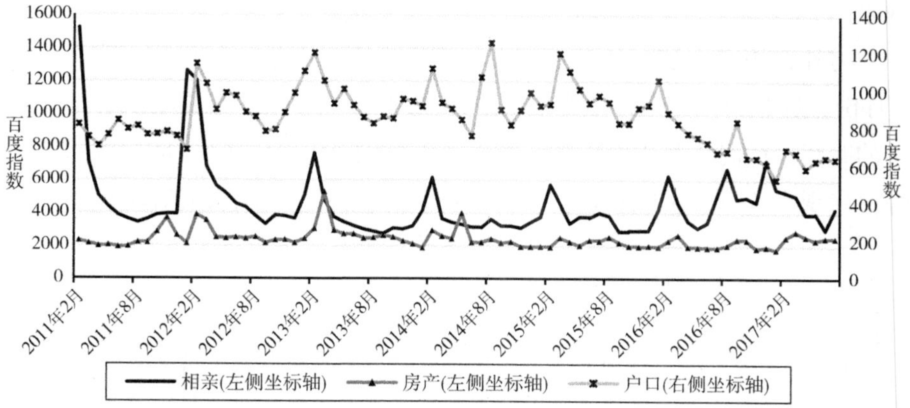

图 1.9　相亲与房产、户口的网络关注度(中国)

资料来源：百度指数(http：//index. baidu. com)。

(二)日本的相亲热潮

自 20 世纪 80 年代起，日本父母干涉子女婚恋的行为逐渐减少，由父母或者公司同事介绍的传统相亲模式走向瓦解，晚婚化、不婚化现象愈演愈烈。日本的不婚化、晚婚化现象可从前文的图 1.5 和图 1.7 看出。那么，没有父母逼婚的情况下，日本国内是否还有相亲热潮？考虑到日本常用的搜索引擎是谷歌，我们在谷歌趋势网站(网址：www. google. com/trends)搜索相亲(“相亲”译为日文为“見合い”)关键词的谷歌指数，并整理得到图 1.10。从图 1.10 可知，尽管日本的父母很少介入子女的婚恋行为，但是，自 2012 年起相亲(見合い)一词在谷歌搜索引擎上一直保持较高的搜索趋势，网民对相亲的关注程度可谓热度不减，这可能与日本严重的不婚化和晚婚化现象有关。

日本也有过年的习俗，不过，日本从明治 6 年(1873 年)1 月 1 日起废除农历新年，并曾禁止民间庆祝，作为岁时年节的春节与阳历的元旦混为一体。从图 1.10 中可以看出，相亲(見合い)关键词在日本所谓的过年时间，即 1 月份并没有较高的关注度，这从侧面印证了日本的父母对单身子女的婚姻大事的介入感不强。因此，日本并不存在“每逢佳节被相亲”的现象。

另外，相亲(見合い)关键词在一年中出现小高峰的月份大多数落在了 4 月份，这和中国的情形显著不同。在日本，4 月份是春假结束、学生开学的时间，同时也是毕业生的毕业和入职的时间。相亲(見合い)关键词的峰值出现在 4 月有可能和学校、公司(日文为会社)组织联谊活动有关。

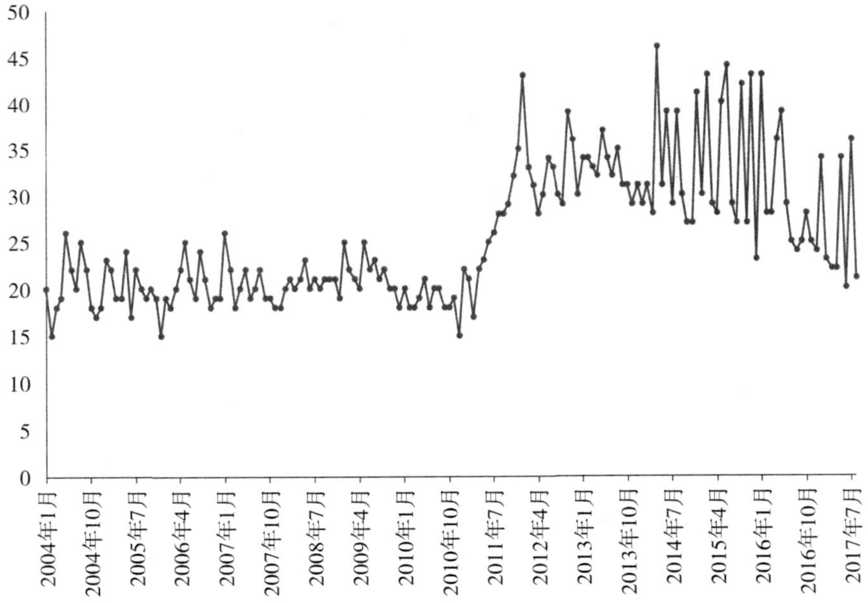

图 1.10　相亲的网络关注度比较(日本)

资料来源：谷歌趋势，日本(www.google.com/trends)。

(三)一些思考

1. “相亲热”的成因

(1)中国。

20 世纪 80 年代，知识青年返城潮到来之后，知青们陆续走上了自发相亲之路，一轮相亲热由此拉开帷幕(谭进、胡一敏，2007)。为解决“大龄未婚青年”问题，各级政府有组织地开展联谊活动，妇联甚至提供相亲介绍服务，相亲成为当时知青寻找结婚对象的有效途径(孙沛东，2012)。20多年后，当年的知青们再次主动投入相亲热潮中，这一次，他们是为了解决单身子女的婚姻大事。80年代的相亲是一种被人们广为接受的主流配偶搜寻手段，这从图1.4可以看出。而现阶段的“白发相亲”已成为一种社会现象，相亲和逼婚父母密切相关，单身青年往往是“被相亲”。

(2)日本。

日本的经验告诉我们，在不婚化、晚婚化的社会背景下，即使不存在父母逼婚的现象，相亲热潮仍然有可能存在。而根据前文的分析可知，恋爱结婚是日本最为普遍的配偶搜寻方式，为什么相亲热潮依旧不减？对此我们有如下两种理解。第一，虽然人们倾向于恋爱结婚，但平时工作忙碌，导致没有时间和机会来寻觅一段恋情，而父母、同事也不屑于干涉他人个人问题，因此，一些身陷“单身焦虑”的人群自发地开始关注相亲，此时的相亲热潮不再由他人主导，而是由当事人主动接受，此时的相亲不同于传统的相亲，而是一种新式相亲，下一部分将具体介绍这种新式相亲。第二，媒体、电视的大肆报道和渲染，引起了大量人群的关注。

2. 本书拟研究的方向之二

综上可知，中国和日本都存在相亲热潮，不同的是，中国的“相亲热”由逼婚父母所主导。那么，这股“相亲热”可以协助人们告别单身吗？目前，无论在社会学领域还是经济学领域，这个话题尚未引起学者们的关注。不断发酵的“相亲热”能够解决单身人口问题吗？对该问题的研究，不仅有助于我们判断当前广受关注的节假日相亲的实际效果，也可以为我们解决单身人口问题提供一定的政策启示。

三、日本的新式相亲及借鉴之处

(一)想结婚却结不了婚的现状

值得一提的是，尽管日本的晚婚化、不婚化现象不断加剧，单身人口仍具有较强的结婚意愿。图 1. 11 是根据日本的结婚·出产调查数据整理得到的单身人口的结婚意愿数据。从图 1. 11 可知，2007—2014 年，无结婚意愿的单身人口占比从 9. 89%上升至 32. 48%，具有结婚意愿的人口均超过 50%，2013 年 6 成以上单身人口具有结婚意愿。2008 年中立的人口占比为 25. 31%，2013 年和 2014 年该比重分别为 13. 02%和 11. 54%。由此可见，不想结婚的群体和中立的群体还是属于少数派，想结婚的群体占据了大半壁江山。

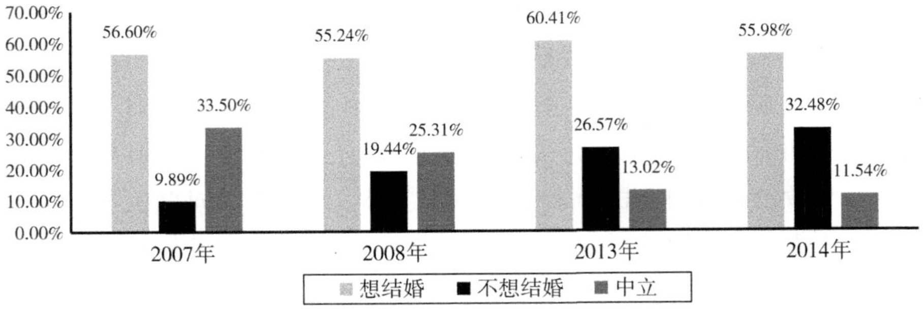

图 1. 11 单身人口的结婚愿望分析(日本)

资料来源：作者基于明治安田生活福祉研究所第 3 回(2007 年)、第 4 回(2008 年)、第 7 回(2013 年)、第 8 回(2014 年)结婚，出产调查数据整理。

然而，大量的单身人口面临的情况是，想结婚却结不了婚。由于父母亲友帮忙介绍对象的现象越来越少，而单身群体自身由于工作忙碌、和异性较少地接触等多方面原因造成无恋爱可谈的境地。日本东京大学社会科学研究所的一项调查数据显示(见图 1. 12)：①从借工作之便和单身异性接触的机会来看，一半以上的单身女性在工作方面几乎没有和单身异性接触的机会，这对单身男性同样适用。仅 3. 6%的单身女性和仅 2. 6%的单身女性可以借由工作和较多的单身异性接触。②从工作单位的单身异性来看，高达 41. 5%的单身女性所在工作单位几乎没有单身男性，所在工作单位仅有少量的单身男性的占比达到 35. 3%，所在工作单位单身男性较多的占比仅为 9. 7%，不足一成。同时，42. 9%的单身男性所在单位几乎没有单身女性，37.6%的单身男性所在单位仅有少量单身女性，而只有5.8%的单身男性所在单位有较多的单身女性。

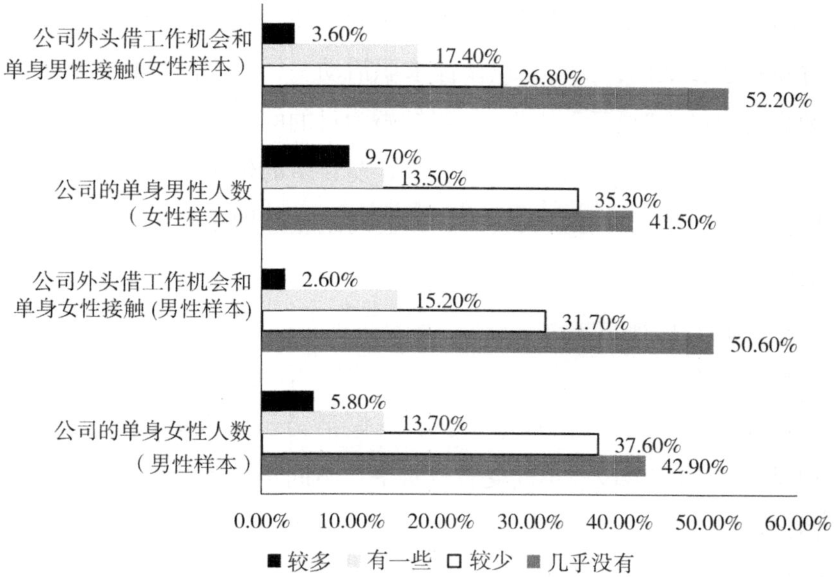

图1.12 职场上和异性接触的机会

资料来源：东京大学社会科学研究所附属社会调查。

由此可见，日本的大多数单身男性和单身女性借由工作和异性接触的机会也较少，而且所在单位的单身异性非常少。

如上所述，经由父母、亲友、熟人等介绍而认识相亲对象是传统的相亲模式在日本已经不再盛行。同时，根据图1.11和图1.12可知，虽然单身人群大多具有较强的结婚意愿，但难以通过工作寻觅到一段爱情。而平时忙碌的工作让单身群体在工作之余认识适合恋爱结婚的异性。在这些因素的推动下，新式相亲（“婚活”）应运而生。在日本国内还出现一派言论声称，单身人士如果不积极地进行婚姻活动是无法结婚的。他们所谓的“婚姻活动”（下文简称为“婚活”）主要指代新式相亲。

（二）“婚活”现象：新式相亲

“婚活”一词最早源于日本社会学家山田昌弘、白河桃子 2008 年出版的《婚活时代》一书。该书认为，在晚婚化、不婚化盛行的社会背景下，为了寻觅理想型配偶，找对象应该像求职活动一样，广泛搜集信息，积极主动地表现自己。“婚活”指代一切以结婚为目的的各类活动。“婚活”代表的行动范围较广，不仅包括父母、亲朋好友介绍的传统相亲活动，还包括各类联谊活动、地区性相亲大会、婚介公司或相亲网站的注册、新娘预备学校的学习等。

1.“婚活”的流行

根据日本结婚・出产调查 2014 年数据，单身样本中，具有婚活经历的人口占比 39.27%，已婚样本中，具有婚活经历的人口占比 44.68%。图 1.13 表示不同年龄段、不同受教育水平、不同年收入的单身群体中，具有婚活经历的人口占比。根据图 1.13，从年龄段来看，与 30 岁以下群体相比，30 岁及以上群体中具有婚活经历的人口占比较高；从学历来看，专科学历的单身群体参与“婚活”的人口占比最高，高中及以下学历的单身群体中具有婚活经历的人口占比最低；从年收入来看，年收入在 400 万日元以上的单身群体中，“婚活”较为普遍，2014 年具有婚活经历的人口占比接近 60%，而年收入在 200 万日元以下的群体中，具有婚活经历的人口占比不足 30%。

2.“婚活”的主要类型：新式相亲

本章将“婚活”分为 3 类，即传统相亲、新式相亲和其他。其中，传统相亲表示以父母、亲友、同事等熟人为介绍人的婚姻活动，新式相亲表示以婚介公司、联谊、婚恋网站等为中介的婚姻活动。新式相亲与传统相亲的本质区别是，新式相亲往往是自发的，父母、亲友等通常不介入其中。结合图 1.14 和图 1.15 可知，无论在未婚样本还是已婚样本中，新式相亲占比均远超过传统相亲，新式相亲在“婚活”中的占比均超过 50%，2014 年高达 55.69%的单身人口参加过新式相亲，高达 57.14%的已婚人口参加过

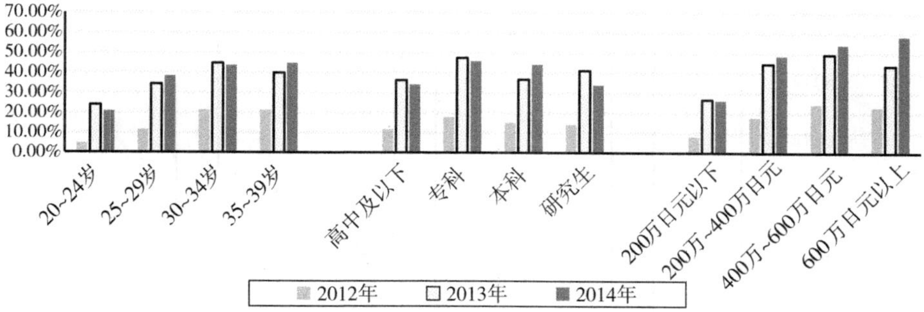

图 1.13　不同分组方式下具有婚活经历的人口占比(未婚样本)

资料来源：作者基于明治安田生活福祉研究所结婚·出产调查第 6 回、第 7 回、第 8 回数据整理得到。

新式相亲。因此可认为，新式相亲是日本主要的婚活类型。

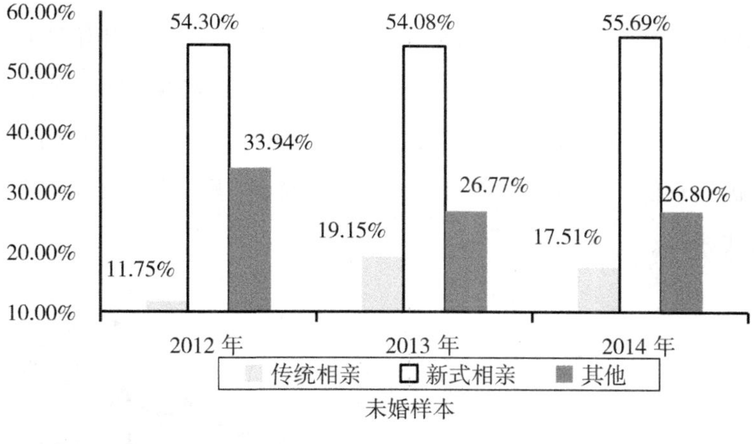

图 1.14　日本婚活类型分类(未婚样本)

资料来源：作者基于明治安田生活福祉研究所结婚·出产调查第 6 回、第 7 回、第 8 回数据整理得到。

此外，我们试图从大数据中找出“婚活”的主要类型。根据谷歌趋势提供的数据，作者整理了日本网民对“婚活”“相亲”和“相亲结婚”这三个关键词的关注热度，并汇总如图 1.16 所示。从图 1.16 可以看出，“婚活”一

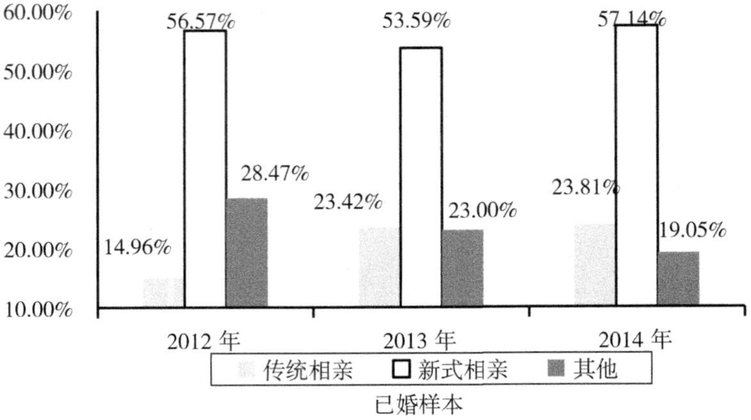

图 1.15　日本婚活类型分类(已婚样本)

资料来源：作者基于明治安田生活福祉研究所结婚・出产调查第 6 回、第 7 回、第 8 回数据整理得到。

词自 2008 年出现以来，婚活热潮不断上升，从 2009 年起开始超过传统的相亲热度，在 2016 年和 2017 年的部分月份达到最高值 100，而传统的相亲热度在历年的热度没有较大幅度的变化，同时，日本网民对相亲结婚的关注度仍然较低。这就从侧面表明，人们关注的“婚活”主要指代非父母主导的新式相亲。

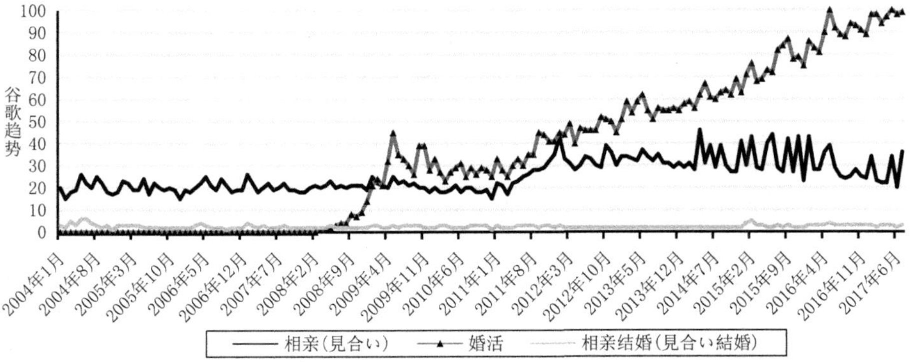

图 1.16　相亲、婚活的网络关注度比较(日本)

资料来源：谷歌趋势，日本(www.google.com/trends)。

（三）一些思考

1. 研究价值

日本持续升温的婚活热潮能否成功？换言之，日本的“婚活热”有利于缓解单身人口问题吗？对该问题的研究具有重要的现实意义，不仅有助于我们解释大龄未婚男女现象，也可以为中国制定单身人口政策提供更为科学的指引和决策依据。

2. 本书拟研究的方向之三

本书将日本的微观个体数据和日本地区层面的婚活热度数据进行匹配，并建立计量模型，实证分析宏观上的“婚活热”对微观个体能否告别单身的影响，并重点考察日本的婚活热潮如何影响人们的配偶搜寻方式。

第三节　研究内容与意义

一、研究内容

现有的婚姻经济学相关研究大多数基于婚姻匹配理论展开讨论，这些研究往往忽略了婚姻主导权从父母转移到个人的情况。和既有研究不同的是，本书充分考虑到婚姻主导权的让渡，以个体搜寻配偶的方式为根本出发点，并重点讨论中国最为主流的两种配偶搜寻方式，即相亲结婚和恋爱结婚。

中国的配偶搜寻方式正逐渐从相亲结婚向恋爱结婚转变，而邻国日本早就经历了这种转变，而且日本目前的晚婚化、不婚化程度也比中国更为严重。那么，日本现在经历的是否为中国未来将要经历的？而且同为亚洲国家，中日两国在婚恋问题上有诸多相似的地方。为了延缓或者避免中国未来出现更为严峻的人口结构问题，研究日本的配偶搜寻方式具有重要的实用价值。因此，本书在搜集了中国微观个体婚恋数据的基础上，还搜集了日本微观个体的婚恋数据，基于两国的数据进行比较研究，试图从日本的经验教训中找到值得中国借鉴和学习的地方。

本书分为四个部分，第一部分为导论和文献回顾，第二部分依次围绕个体特征与配偶搜寻方式的关系、不同的配偶搜寻方式对婚姻质量的影响及其作用机制展开，第三部分重点研究愈演愈烈的相亲热潮的有效性以及日本的婚活热潮为何能推动新式相亲结婚，第四部分是结论与政策启示。

1. 第一部分

本部分共有两章，即第一章和第二章。第一章安排了四节内容。第一节是背景资料，基于中日两国宏观数据论述了中国和日本的大龄未婚男女现象，并简要介绍了社会学和经济学领域的相关研究。第二节详细阐述了中日两国的配偶搜寻方式变迁、相亲热潮、日本式“婚活”的现状，并在此基础上，提出了三个新的研究方向，即谁会选择相亲结婚？相亲热潮推动了相亲结婚吗？日本的“婚活”有用吗？第三节系统介绍了本书的主要内容和框架结构，以及研究意义。第四节是研究方法与本书的创新之处，本书将社会学理论融入经济学的研究框架，采用统计分析、数理模型建模、计量分析等研究方法。本书强调个体的主动选择行为，而不是个体特征的婚姻适配性，通过研究相亲结婚和恋爱结婚这两种最为常见的配偶搜寻方式，从而开辟社会学和经济学在交叉学科研究上的一个新的领域，同时为大龄未婚男女现象提供一种新的解释，并试图为中国解决单身人口问题提供更为科学的政策指引和决策依据。

第二章是相关文献的回顾和文献述评。本章分为四个部分，第一部分介绍和本书研究最密切相关的文献，第二部分介绍社会学相关理论，第三部分介绍日文相关文献，第四部分介绍其他相关研究。

2. 第二部分

本部分安排了三章内容，分别是第三章、第四章和第五章。本部分主要回答了三个问题。第一，微观个体的哪些特征影响了其配偶搜寻方式的选择。第二，相亲结婚和恋爱结婚在婚姻质量上的异同。第三，相亲结婚和恋爱结婚这两种最常见的配偶搜寻方式如何影响婚姻质量。

第三章围绕配偶搜寻方式的决定因素展开，重点分析谁会选择相亲结婚？谁会选择恋爱结婚？本书分别基于中国的微观数据和日本的微观数据，建立理论模型和计量模型，实证研究了中日两国的个体特征对是否选择相亲结婚的影响。

第四章从理论和实证两方面探讨不同的配偶搜寻方式对后期婚姻质量的影响，以理论模型为基础，以实证研究为主线，采用中国和日本的微观数据，重点考察相亲结婚、恋爱结婚对婚姻幸福感、婚姻稳定性、婚姻满意度等方面的影响。

第五章在第四章的基础上，构建中介效应模型，详细地讨论相亲结婚和恋爱结婚这两种配偶搜寻方式到底通过影响婚姻的哪些方面进而影响了婚姻质量。

3. 第三部分

本部分安排了两章内容，分别是第六章和第七章。本部分详细而完整地探讨了备受关注的“相亲热”对微观个体选择相亲结婚的影响以及日本的“婚活”经验借鉴。

第六章中，将宏观上的相亲热度大数据和微观个体配偶搜寻方式的相关信息进行匹配，分别实证考察中国的“相亲热”对个体是否选择相亲结婚的影响，同时，实证分析日本的“相亲热”对个体是否选择相亲结婚的影响。

进一步地，第七章重点关注日本自2008年起开始兴起的“婚活”，愈演愈烈的婚活热潮能够有效协助人们解决单身问题吗？本章围绕这个问题，将日本的婚活热度大数据和个体数据进行匹配，展开实证研究。通过对日本“婚活”有效性的研究，本章试图为中国解决大龄未婚男女问题提供一定的政策启示。

4. 第四部分

本部分安排了一章内容，即第八章。设置本部分主要是为了统领全书要点和便于未来的前瞻性研究。

第八章总结全书内容，梳理全书的核心结论和重要观点，阐述创新之处，试图提出关于单身人口的政策建议。同时在此基础上，找出本书可以继续完善和拓展的地方，进一步挖掘新的可能的研究方向，为未来的前瞻性研究做好准备。

二、框架结构图

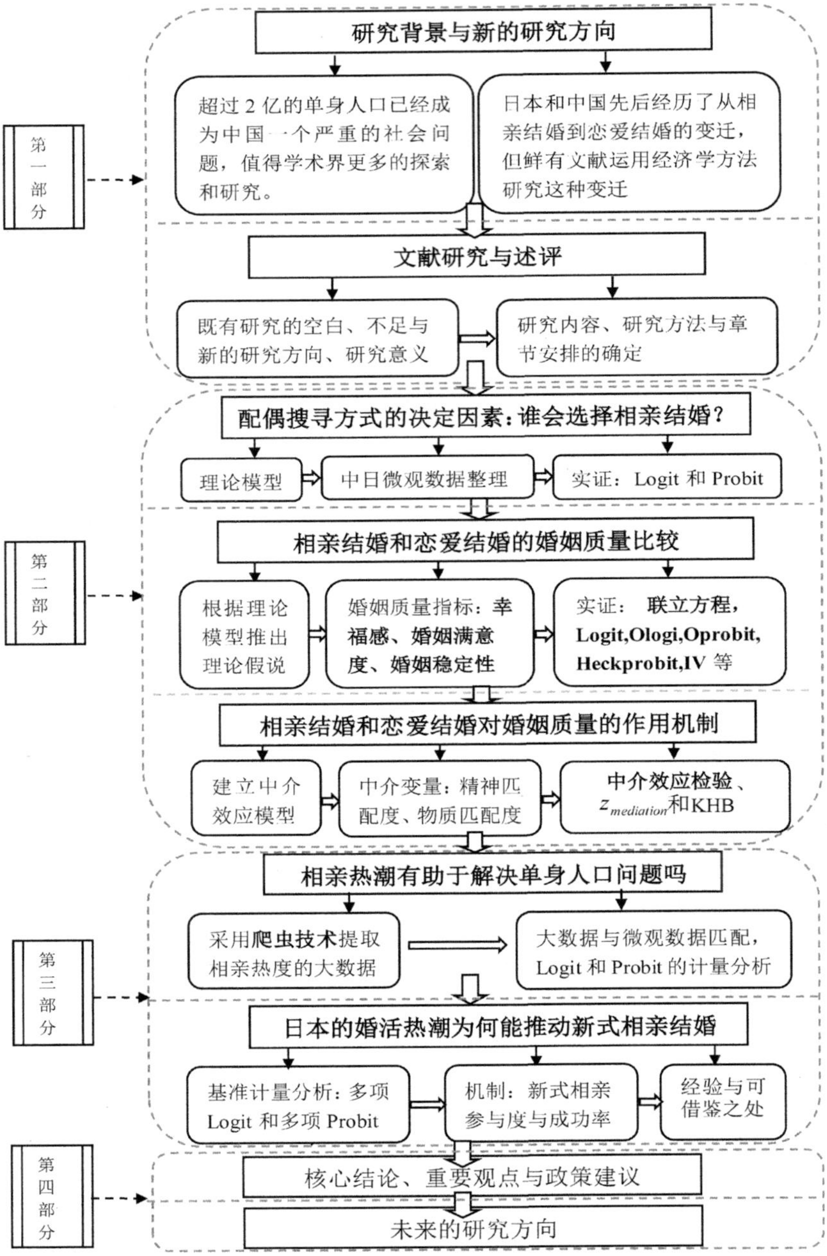

图 1.17 本书框架结构图

三、研究意义

大龄未婚男女现象已经成为一个严重的社会问题。相亲和恋爱作为单身人口寻找结婚对象的重要途径，选择相亲结婚还是恋爱结婚？这是庞大的单身群体面临的一个现实问题，然而鲜有文献讨论这个问题，尤其是缺少经济学视角的研究。而中国正经历着从相亲结婚到恋爱结婚转变的过渡性阶段，围绕相亲结婚和恋爱结婚的讨论具有重要的理论意义和应用价值，具体而言，主要体现在以下几个方面。

(1)中国日益突出的人口结构问题引起了广泛的关注，但目前学术界的绝大多数研究关注的焦点落在了人口老龄化、低生育率、二孩政策等问题上，讨论单身人口问题的文献相对较少，尤其是从经济学视角展开相关理论和实证研究的非常罕见。而越来越严峻的单身人口问题必将加剧少子化、老龄化等问题，因此，要正确评估人口结构变化和潜在的风险，离不开对单身人口问题的充分和全面的研究。此外，大量研究表明，单身不仅降低了单身个体的幸福感和健康水平，还引发了一些社会问题。由此可见，单身人口问题的研究迫在眉睫，为了顺应时代需求和解决实际问题，本书应运而生。

(2)既有的婚姻经济学相关研究大多数在婚姻匹配理论的基础上展开分析，鲜有研究关注到中国正处在婚恋观的迭代阶段，单身个体在婚姻决策逐渐占有主导地位，其直接表现是，相亲结婚的人口占比越来越低，而恋爱结婚的人口占比越来越高。本书聚焦在单身人口的婚姻问题上，以相亲结婚和恋爱结婚这两种婚姻搜寻方式为根本落脚点，讨论选择相亲结婚和恋爱结婚的个体决定因素，比较相亲结婚和恋爱结婚的婚姻质量，分析节假日的相亲热潮能否有效协助人们告别单身。这些研究较好地弥补了现有研究的空白和不足之处，并为中国大规模的大龄未婚男女现象提供了一种新的解释，同时对不断发酵的“相亲热”是否有效作出判断。

(3)将相亲结婚和恋爱结婚这两种配偶搜寻方式纳入经济学的分析框架中，拓展了经济学在社会学、人口结构问题等相关研究上的应用广度和深度，为经济学和社会学在交叉学科领域的融合及拓展性研究提供新的指引，为人口政策的制定和各类相亲联谊活动提供更加科学的指导和决策依据。

(4)本书通过研究相亲结婚和恋爱结婚对婚姻质量的影响及其作用机制，从而为配偶搜寻方式的变迁提供了一种解释，也为人们为何拒绝相亲结婚提供了一种理由，同时也为广大逼婚家长们的逼婚行为提供了一种理论支撑。

(5)日本早在20世纪60年代就经历了从相亲结婚到恋爱结婚的配偶搜寻方式的变迁，而且其不婚化、晚婚化比中国更为严重。有鉴于此，本书还搜集了日本的微观数据，展开相应的实证研究，并深度分析日本的“婚姻活动”(所谓的“新式相亲”)的有效性，从而极大地丰富了本书的研究范围和研究结论。中日两国的跨国比较研究不仅有利于我们更好地认识两国的配偶搜寻方式变迁的成因及后果，也为中国预测人口结构变化趋势提供新的经验证据，还为中国制定单身人口政策以及组织单身联谊活动提供一定程度的启示。

第四节　研究方法与创新之处

一、研究方法

本书的研究方法主要包括文献研究法、实地调研法、大数据提取的爬虫技术、数理模型和计量分析技术。

1. 文献研究法

大量阅读国内外人口学、社会学和婚姻经济学的相关前沿文献和经典著作，梳理现有文献的同时，反复思考本书的研究内容和待解决的问题，从而找到现有文献的可借鉴之处以及待改进的地方，并制定研究技术路线。

2. 实地调研法

实地调研法分为国内和国外两部分，国内主要是调查代表性城市和农村地区的婚姻状况和婚恋观，国外的实地调研主要包括日本留学期间，作者和日本单身单女的无结构式访谈，以及相关日本微观数据的采集工作。

3. 大数据提取的爬虫技术

日本的相亲热度、婚活热度等大数据可以直接在谷歌趋势上免费下载，而中国的相亲热度的百度指数无法直接下载，作者通过爬虫技术提取了相亲等关键词的大数据。

4. 数理模型

作者结合本书的研究目标，在现有模型的基础上进行了改进和拓展，并基于理论模型，提出理论假说。

5. 计量分析技术

本书基于中国和日本的微观个体数据和宏观数据，运用了大量的计量分析技术，例如，二元选择模型、多元选择模型、工具变量法、联立方程模型、CMP 估计法、Heckoprobit 模型、中介效应模型、KHB 方法、离散时间 Logistic 模型、Cox 比例风险模型等。

二、创新之处

本书的创新之处主要体现在内容、实证和技术方面。

(一) 内容方面

相亲结婚和恋爱结婚是目前最常见的配偶搜寻方式，然而，基于微观数据的统计分析发现，相亲结婚的人口占比逐渐下降，恋爱结婚的人口占比在不断上升，中国正经历着从相亲结婚到恋爱结婚转变的过渡性阶段。与此同时，大规模的大龄未婚男女已经成为一个严重的社会问题。那么，大龄未婚男女现象是否和相亲结婚的占比下降有关？相亲结婚真的靠谱吗？节假日的相亲热潮有助于人们告别单身吗？遗憾的是，几乎没有文献就这些问题展开研究，更没有文献运用实证研究的方法进行跨国比较分析。既有研究的空白和不足之处构成了本书的研究起点，具体而言：

(1)选择相亲结婚还是恋爱结婚?这是绝大多数成年人面临的现实问题，但是围绕该问题的研究相对较少，既有研究基本上是运用社会学方法展开研究的，因而缺少数理模型的理论支撑，也没有基于现实数据的实证分析。①本书第三章运用经济学的理论建模和实证研究的方法，研究了微观个体的特征对其是否选择相亲结婚的影响。②同时，基于中日两国微观数据的实证结果，进行跨国比较分析。

(2)本书从幸福感、婚姻满意度和婚姻稳定性三个维度来衡量婚姻质量。①第四章从理论和实证两方面比较分析了相亲结婚和恋爱结婚在婚姻质量上的差异。结果发现，恋爱结婚的婚姻满意度更高，但这是以牺牲婚姻稳定性为代价的。②进一步地，第五章讨论相亲结婚如何影响幸福感，首次研究了相亲结婚是否通过影响夫妻的精神匹配度和物质匹配度进而影响了婚姻质量，并基于分性别和分婚龄的分组样本，展开稳健性检验。

(3)①第六章基于中日两国数据，根据微观个体数据的地理位置信息，首次将相亲大数据和微观个体数据进行匹配，实证分析了中日两国宏观上的相亲热度对个体选择相亲结婚的影响。②基于日本数据，分析日本宏观上的相亲热潮对个体选择新式相亲结婚是否具有推动作用。③第七章创新性地探讨了日本的“婚活热”如何推动新式相亲结婚。

(二)实证方面

运用经济学方法研究相亲结婚的文献非常少见，本书首次采用中国家庭追踪调查(CFPS)、中国综合社会调查(CGSS)、日本综合社会调查(JGSS)、日本女性消费者调查(JPSC)和日本结婚・出产调查第7回(2013年)、第8回(2014年)数据，进行了大量极具创新价值的实证工作。具体而言：

(1)第三章基于中国CFPS和CGSS数据，综合运用Logit模型、Probit模型、多项Logit模型分析选择相亲结婚的决定因素，同时基于日本JGSS和JPSC数据进行实证研究和对比分析。

(2)第四章运用CFPS2014年的数据，建立有序Logit模型、有序Probit模型来分析相亲对婚姻满意度的影响，建立离散时间Logistic模型、Cox比例风险模型来分析相亲对婚姻稳定性的影响。建立 Heckoprobit 模型和 Heckprobit 模型，进而克服样本的选择性偏差。考虑到相亲结婚的内生性问题，首次构建相亲结婚的两种工具变量，即父母是否相亲结婚、父母是否相亲与区县-城乡-同年龄段相亲的交互项，运用 CMP 估计法进行回归分析。

(3)第五章是第四章的延伸和拓展，通过建立联立方程模型，分析相亲结婚对幸福感的作用机制。建立中介效应模型，采用 KHB 方法实证分析了相亲对婚姻满意度和婚姻稳定性的作用机制。

(4)第六章基于中国 CFPS 数据和日本结婚·出产调查第 7 回(2013 年)、第 8 回(2014 年)数据，根据微观个体数据的地理位置信息，首次将相亲大数据和微观个体数据进行匹配，实证分析了中日两国宏观上的相亲热度对个体选择相亲结婚的影响。基于日本数据，实证研究“相亲热”是否推动了新式相亲结婚。第七章创新性地探讨了日本的“婚活热”如何助推了新式相亲结婚。

(三)技术方面

为了研究工作的顺利开展，本书克服了两个技术难题。

一是如何提取相亲热度数据。本书借助爬虫技术，成功获取了相亲等关键词的大数据，进而首次为相亲热潮找到了一个量化指标。

二是如何克服相亲结婚的内生性问题，这是本书第四章和第五章面临的技术难题。本书为相亲结婚构建了两种变量，但第四章仍需处理的难题是：有序 Logit 模型和有序 Probit 模型不能直接使用工具变量法。第四章借助条件混合过程(Conditional Mixed Process，CMP)估计法，攻克了这一难题。

附　录

附图 1.1 展示了日本不同年龄段的未婚人口占比，其中，附图 1.1(a)和附图 1.1(b)分别是男性和女性的未婚人口占比。各年龄段的未婚率不断升高，同一年份男性的未婚率均高于同年龄段女性。25~29 岁年龄段的单

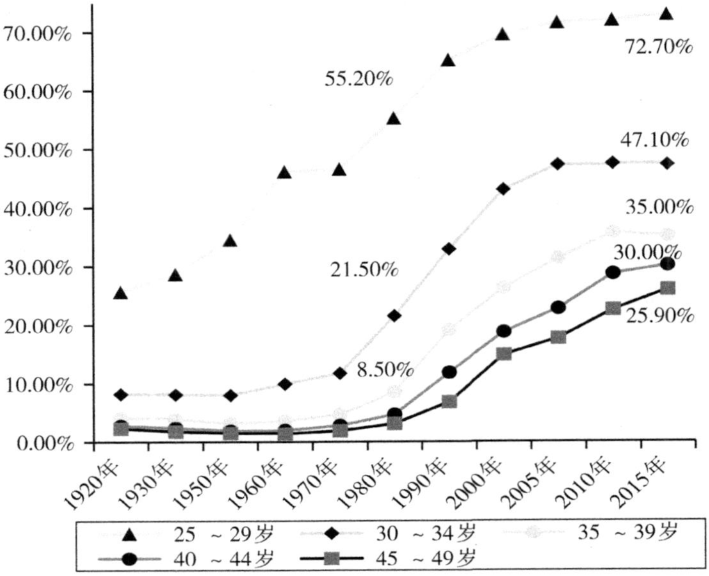

(a) 男性

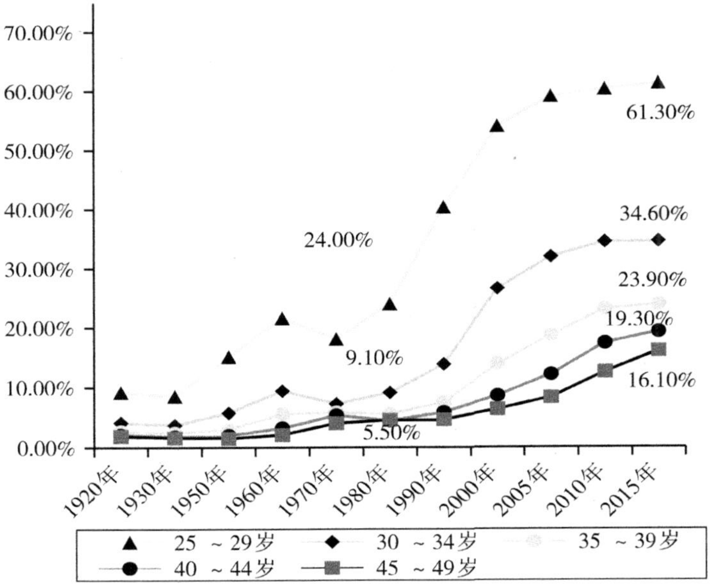

(b) 女性

附图 1.1　不同年龄段未婚人口占比(日本)

资料来源：作者基于日本总务省统计局国势调查报告整理得到。

身人口占比最高，2015年，每10位男性中7人以上单身，每10位女性中6人以上单身；30~34岁年龄段中，1980—2015年，男性未婚率从21.50%上升至47.10%，女性未婚率从9.10%上升至34.60%；35~39岁年龄段中，1980年，男性和女性的未婚率分别为8.50%和5.50%，2015年则升至35.00%和23.90%；2015年40~44岁年龄段中，仍有高达3成男性未婚，近2成女性未婚，而45~49岁年龄段和前一年龄段的未婚率相差不大。

本章参考文献

[1]山田昌弘，白河桃子．“婚活”时代．山东人民出版社，2010.

[2]水落正明．学卒直後の雇用状態が結婚タイミングに与える影響．生活経済学研究，2006(22)：167-176.

[3]孙沛东．“白发相亲”——上海相亲角的择偶行为分析．南方人口，2012，27(2)：30-36.

[4]谭进，胡一敏．“父母包办相亲”是提高婚恋效率还是“开历史倒车”．观察与思考，2007(19)：28-29.

[5]吴要武，刘倩．高校扩招对婚姻市场的影响：剩女？剩男?．经济学季刊，2014(1)：5-30.

[6]袁晓燕．众里寻他!？——一个基于婚姻匹配理论的综述．南方经济，2017(2)：87-101.

[7]张翼．单身未婚：“剩女”和“剩男”问题分析报告——基于第六次人口普查数据的分析．甘肃社会科学，2013(4)：50-53.

[8] Edlund L, Lagerlöf N P. Individual versus Parental Consent in Marriage: Implications for Intra-Household Resource Allocation and Growth. American Economic Review, 2006, 96(2): 304-307.

[9] Huang F, Jin G Z, Xu L C. Love and Money by Parental Matchmaking: Evidence from Urban Couples in China. American Economic Review, 2012, 102(3): 555-560.

[10]Huang F, Jin G Z, Xu L C. Love, money, and parental goods: Does parental matchmaking matter. NBER Working Paper, 2016.

[11]Jacobs J A, Labov T G. Gender Differentials in Intermarriage Among Sixteen Race and Ethnic Groups. Sociological Forum, 2002, 17(4): 621-646.

[12] Kalmijn M, Flap H. Assortative Meeting and Mating: Unintended Consequences of Organized Settings for Partner Choices. Social Forces, 2001, 79(4): 1289-1312.

[13]Lee G R, Stone L H. Mate-Selection Systems and Criteria: Variation according to Family Structure. Journal of Marriage & Family, 1980, 42(2): 319-326.

[14]Lewis S K, Oppenheimer V K. Educational assortative mating across marriage markets: Nonhispanic whites in the United States. Demography, 2000, 37(1): 29-40.

[15] Luo S, Klohnen E C. Assortative mating and marital quality in newlyweds: a couple-centered approach. Journal of Personality & Social Psychology, 2005, 88(2): 304.

[16]Qin Y, Zhu H. Run away? Air pollution and emigration interests in China. Journal of Population Economics, 2018, 31(1): 1-32.

[17]Thornton A, Fricke T E. Social change and the family: Comparative perspectives from the west, China, and South Asia. Sociological Forum, 1987, 2(4): 746-779.

第二章 相关文献回顾

一、最密切相关文献

1. 最相关文献 2 篇

由于本书的研究主题较为新颖，和本书最密切相关的文献只有两篇。第一，Huang 等(2012)运用中国 1991 年的微观数据 SSCCW(Study of the Status of Contemporary Chinese Women)进行实证分析，结果发现，相对于恋爱式婚姻，相亲式婚姻的夫妻和睦度较低，但夫妻总收入更高，其研究从侧面表明，父母代替子女搜寻潜在结婚对象时，倾向于用物质替代爱情。第二，Huang 等(2016)的研究发现，父母介入的婚姻中，妻子更孝顺，生育的子女更多，生育男孩的概率更大，且提供老年照料的可信程度更大，但这些是以牺牲夫妻和睦和妻子收入为代价的，该结论和 Becker 等(2016)的观点相符。

2. 文献述评

然而，上述两篇文献仍然存在一些不足之处，主要表现在：①数据方面。采用的微观数据是 1991 年的，数据相对陈旧，不能反映中国近年来婚恋观的巨大变化，而且样本量相对较小。②技术方面。在因变量为离散型变量的情形下，使用的是 OLS 回归，而没有建立二元选择模型以及多元选择模型来验证结果的稳健性。③内容方面。谁会选择相亲结婚？相亲结婚是如何影响婚姻质量的？“相亲热”推动了相亲结婚吗？这些问题尚未有文献探讨。④跨国比较。通过对国外数据的分析，找出可借鉴之处。这也是尚待填补的空白之一。

二、与本书相关的社会学理论

1. 六大理论

(1)父母偶像理论。该理论认为因潜意识当中的恋父或者恋母情结，所以人们在选择和什么人结婚时，更倾向于和类似于自己父母的恋人结合。男孩子由于“恋母情结”会选择具有其母亲个性品质的女子作为他的恋爱对象，女孩子则因“恋父情结” 会选择具有其父亲个性品质的男子作为她的恋爱对象。

(2)同类匹配理论。该理论由美国社会学家古德在1986年提出，他认为人们在找结婚对象时，往往是找双方彼此在经济上或社会地位上大致相当的人做配偶。因为人都是理性的经济人，都有趋利避害的一面，反映到婚恋择偶方面主要就体现了本理论。同类匹配理论即人们总是倾向于选择与自己的社会阶层同等、教育程度相差不大、年龄相仿、居住地临近、同一种族还有类似的价值观的异性做配偶。中国自古流传下来的“门当户对”的婚配制度似乎与西方的“同类匹配”制度不谋而合。

(3)择偶梯度论。该理论是指男性倾向于选择与自己社会地位相当或者比自己地位稍差旳女性为伴侣，而与此相反，女性往往更多地要求配偶在受教育、薪金收入和职业阶层等方面高于自己。从传统婚姻模式上看，男娶女嫁的模式通常体现了男性在婚姻中的优势地位，然而女性则运用长相、身材、相对年龄和持家能力等“资本”来换取男性的家世、成就和向上流动的潜力。在我们的日常生活中，这样的择偶梯度理论处处得到体现。

(4)社会交换论。社会学的交换理论假定除非配对双方都觉得联姻的收益要大过独身的收益，择偶行为才能发生、婚姻才能维持。用经济学的术语讲，婚姻必定是在对双方都有“利润” 时才会进行的“交易”。

(5)互补需求理论。美国西北大学终身社会学教授罗伯特温奇在研究中指出，选择婚姻伴侣牵涉到一系列社会背景的异同之处，而且他认为我们寻找人生伴侣与两人社会背景及性格上的互补密不可分。健谈者往往会吸引一个倾听型伴侣，性格暴躁者可能会寻求一个唯唯诺诺、言听计从的伴侣。

(6)择偶的进化论。进化心理学家们发现，男女两性在择偶中存在巨大差异。不同地区的男性和女性在择偶观和择偶行为存在一致性。男女择偶时表现出来的一致性主要表现在对身体吸引力的关注，对物质资源的关心和一些典型人格特征的偏好。男性在择偶时比女性更关心未来配偶的身体吸引力，他们更偏好较年轻的女性，对左右对称性高的女性面孔更加偏爱；而女性则更加关注男性的经济社会地位，其次是男性的身体特征。

2. 文献述评

社会学理论为本书展开研究工作提供了一定的指引，在上述六大理论中，父母偶像理论为第四章和第五章寻找相亲结婚的工具变量提供了理论支撑。同类匹配理论为第四章和第五章寻找夫妻匹配度指标提供了一种思路。

三、相关日文文献及述评

日文文献关于不婚化、晚婚化的讨论相对较多，这可能和日本较为严重的大龄未婚男女现象有关。日文文献中，还有一些文献从相亲与恋爱的角度展开研究。大体而言，相关日文文献可以归结为三类，具体介绍如下所示。

1. 影响婚姻缔结成功的因素分析

北村行伸(2002)在结婚经济学(日文名:《結婚の経済学》)一文中，运用日本财团法人家计经济研究所1993—1997年的“消费生活动态调查”数据进行实证分析，结果发现，个人收入、年龄以及和父母同住均降低了结婚的可能性。小林盾从社交资本(ソーシャルキャピタル)的角度展开实证结果，并指出，成年之前的交友经验、社团活动以及恋爱经验是一类社交资本，这类资本会直接影响到其后来交往人数，而交往人数越多，结婚的可能性也将增加。因此，积累社交资本有利于恋爱和缔结婚姻。山田昌弘曾经指出，结婚前的亲密化程度提高以及受欢迎和不受欢迎群体的阶层分化，是导致不婚和晚婚的主要原因。阿藤诚、金子隆一和加藤彰彦认为，在现代日本社会，单身未婚群体和异性交往的急剧下降趋势非常明显。进一步地，桶川泰(2013) 基于多项Logit模型的回归结果发现，人际交往能力、和单身异性的接触机会以及经济实力是造成"无异性缘"的主要因素。

2. 影响结婚意愿的相关研究

阿部正浩和北村行伸早在1999年的研究指出，少子化最大的成因是晚婚和不婚化，而女性结婚意愿下降的要因则是，随着女性的高学历化、男女之间工资差异的缩小，以及相关制度法律的完善，女性达成高职业目标成为可能，因此，一些高学历女性为了在劳动力市场找到稳定地位，会选择推迟结婚或者不结婚。而高桥香菜子在2016年的毕业论文中，基于系列数据的分析指出，人们不是不想结婚，而是无法结婚。加藤彰彦(2011)基于全国家庭调查(NFRJ)数据的研究指出，导致未婚化的主要原因有两个，一是经济增长低迷带来社会阶层差距的扩大，二是个人主义的盛行导致婚姻系统的弱化和结婚意愿的下降。不破麻纪子和柳下实(2016)运用日本2007年工作方式和生活方式转变的全国调查("働き方とライフスタイルの変化に関する全国调查")数据展开研究，将女性对待婚姻的态度分为"不想结婚""想结婚""无所谓"三种，多项logit模型的回归结果发现，女性学历越高，结婚意愿越不明显，而更倾向于选择"结婚或者不结婚都可以"的无所谓态度。因此，田中秀和认为，找对象结婚已经不单单是个人的事情，还需要公共政策的引导。通过政策导向为男女双方相遇制造合适的机会，也为单身人口增强结婚意愿提供一定的氛围，这和社会学家佐藤博树的观点类似。

3. 配偶搜寻方式的相关研究

岩泽美帆和三田房美基于日本出生动向基本调查数据的研究发现，过去30年间的初婚率之所以下降，可以从配偶搜寻方式的变迁来寻找原因。岩泽美帆和三田房美指出，由亲戚和上司介绍的相亲结婚人群的减少可以解释初婚率下降的50%，借由工作认识结婚对象(日语："職縁結婚")的现象减少可以解释初婚率下降的近40%，不经由他人介绍而找到结婚对象的恋爱结婚发生率几乎未发生变化，然而，目前并没有新的配偶搜寻方式替代过去的相亲结婚和职缘结婚。进一步地，筒井淳也基于日本综合社会调查(JGSS) 2006年数据，从微观个体视角分析个体微观特征对配偶搜寻方式的影响，结果发现，年龄、是否初婚显著影响了个体配偶搜寻方式的选择。

4. 文献述评

和中文文献相比，日文文献的相关研究较多，日文文献主要分为三类，即婚姻缔结、结婚意愿和配偶搜寻方式。这些文献为本书接下来的研究奠定了一定的研究基础，但是也存在一些不够完善的地方，这主要表现在以下几点。第一，尚未有文献比较相亲结婚和恋爱结婚的婚姻质量。第二，尚未有文献运用经济学方法，建立计量模型来研究日本社会介于传统相亲结婚和恋爱结婚之间的一种非常流行的配偶搜寻方式，即所谓的婚姻活动(简称为"婚活")。

四、其他相关研究及述评

1. 配偶搜寻方式

较多的文献从社会学或者人类学角度分析不同婚姻匹配方式对婚姻的影响，极少有经济类文献研究相亲结婚和恋爱结婚对婚姻质量的影响是否存在差异。从经济学视角研究婚姻问题的文献一般从性别比、婚姻法、受教育程度、收入不平等等角度展开（Becker，1973；Fernandez et al.，2005）。

婚姻问题相关研究中，异族联姻和同性婚姻受到学术界的广泛关注，研究配偶搜寻的文献较少(Tsutsui，2013)。多数关于配偶搜寻的文献从历史视角考察配偶搜寻方法的变迁，早期研究将配偶搜寻方法分为父母包办和恋爱结婚两大类，Tsutsui(2013)从配偶搜寻和婚姻决策两方面来界定不同的配偶搜寻方法，其中，父母包办式婚姻意味着父母承担了这两方面的角色，个体无任何婚姻自主权，恋爱结婚意味着个体拥有完全的婚姻自主权。实际上，伴随着非工业化社会向工业化社会转型，父母完全承担配偶搜寻和婚姻决策两方面角色的包办式婚姻越来越少，因此，传统的配偶搜寻方法分类不再符合现实情况，相亲结婚(半包办式婚姻)逐渐成为部分亚洲国家的一种过渡型婚配匹配方法（Lee and Stone，1980；Murstein，1980；Tsutsui，2013）。日本和中国先后经历了从父母包办到相亲结婚、从相亲结婚到恋爱结婚的配偶搜寻方法变迁(Xu and Whyte, 1990; Retherford and Ogawa 2006 ; Zang, 2007)。

导致配偶搜寻方法变迁的因素较多，独立理论(Independency Theory)认为，经济独立、传统婚姻观念的淡化及自主认识异性的机会增加是最主要的三大驱动力(Thornton and Fricke, 1987)。受教育程度的提高及其带来的潜在经济独立是单身青年获得婚姻自主权的基本原因(Strange, 1976)，另一方面，受到现代化文化熏陶，个体更倾向于恋爱结婚(Ghimire et al., 2006)。东亚国家正经历着快速的社会结构变迁，一些东亚国家存在严重的性别不平等问题，女性的幸福更加依赖于丈夫的性格和社会地位，因此，父母可能在女儿婚姻的介入多于在儿子婚姻的介入(Tsutsui, 2013)。

2. 大龄未婚男女的空间分布

在中国，农村男待婚、城市女待婚已成为单身人口的一种主要分布形态(张翼，2013)，造成这种现象的原因较为复杂，现有文献主要从两方面进行解释，一是长期的计划生育政策和重男轻女思想带来的性别比例失调(林莞娟和赵耀辉，2014；Loh and Remick, 2015)，二是高校扩招以及女性上升婚姻偏好造成的潜在匹配概率下降(吴要武和刘倩，2014；雷晓燕等，2015)。然而，尽管中国高学历女性推迟了结婚年龄，其结婚率和低学历女性无明显区别(Brandt et al., 2016)，而日本的高学历女性不仅推迟结婚年龄，其结婚率也显著小于低学历女性(Hwang, 2016)。

3. 相亲结婚的特征与婚姻质量

相亲结婚的特点介于父母包办和恋爱结婚两者之间，一般而言，相亲结婚的配偶搜寻过程由父母或者亲友完成，而婚姻决策过程则是自愿的或者父母仅拥有部分婚姻决策权(Tokuhiro, 2010)，与父母包办式婚姻相比，相亲结婚的个体拥有一定的婚姻决策权，与自由恋爱式婚姻相比，相亲结婚的个体没有配偶搜寻权，这也是相亲结婚区别于恋爱结婚的基本特点(Tsutsui, 2013)。恋爱建立在双方自主自愿的基础上，一段恋爱关系的确立经过了恋爱双方的筛选，因此，恋爱对象的选择范围相对较小，而相亲对象的搜寻权由他人控制，初次见面相亲对象未经过相亲双方严格意义上的筛选，其选择范围相对较大。根据社会学中的选择理论(Iyengar and

Warburton，2011；Schwartz，2014)，由于相亲对象的选择范围过大，过多的选择可能降低了满足感，因此，相亲结婚没有恋爱结婚幸福。从长期来看，相亲式婚姻的爱情变化模式为先冷后热，恋爱式婚姻的爱情变化模式为先热后冷，最终两者的婚姻质量不一定存在显著差异(Blood，1967)，然而，中国的数据并不支持该观点(Xu and Whyte，1990；袁晓燕，2017)。

此外，Epstein 等(2013)认为，相亲式婚姻的爱情是可以培养的，即所谓的“先结婚，后恋爱”，该结论与 Gupta 和 Singh(1982)的结论一致。Epstein 等(2013)的研究还表明，婚姻契约作为一种承诺，对于相亲式婚姻的爱情培养特别重要；同时，夫妻的相互扶持与同理心也有助于培养爱情，该观点和脆弱理论一致(Strong 和 Aron，2006；Arriaga 等，2007)。

4. 文献述评

社会学领域中，相亲相关研究往往缺乏实证数据验证。在经济学领域，研究婚姻问题的文献较多，但很少有文献研究相亲结婚。本书的研究将弥补这些不足之处。

本章参考文献

[1]郭继强，费舒澜，林平．越漂亮，收入越高吗？——兼论相貌与收入的“高跟鞋曲线”．经济学：季刊，2016(1)：147-172.

[2]雷晓燕，许文健，赵耀辉．高攀的婚姻更令人满意吗？婚姻匹配模式及其长远影响．经济学：季刊，2014(1)：31-50.

[3]林莞娟，赵耀辉．重男轻女降低女性福利吗？离婚与抚养压力．经济学：季刊，2014(1)：135-158.

[4]吴要武，刘倩．高校扩招对婚姻市场的影响：剩女？剩男？．经济学：季刊，2014(1)：5-30.

[5]袁晓燕．众里寻他!？——一个基于婚姻匹配理论的综述．南方经济，2017(2)：87-101.

[6]张翼．单身未婚：剩女和剩男问题分析报告——基于第六次人口普查数据的分析．甘肃社会科学，2013(4)：50-53.

[7] Acock, A. C. Discovering Structural Equation Modeling Using Stata. Revised Edition. TX: Stata Press, 2013.

[8] Adams, B. N. Themes and Threads of Family Theories: A Brief History. Journal of Comparative Family Studies, 2010, 41(4): 499-505.

[9] Allendorf, K., R. K. Pandian. The Decline of Arranged Marriage? Marital Change and Continuity in India. Population & Development Review, 2016, 42(3): 435-464.

[10] Batabyal, A. A. On the likelihood of finding the right partner in an arranged marriage. Journal of Socio-Economics, 2001, 30(3): 273-280.

[11] Batabyal, A. A., H. Beladi. Arranged or love marriage? That is the question. Applied Economics Letters, 2002, 9(13): 893-897.

[12] Becker, G. S., K. M. Murphy, J. L. Spenkuch. The manipulation of children's preferences, old age support, and investment in children's human capital. Journal of Labor Economics, 2016, 34(2).

[13] Becker, G. S. A Theory of Marriage: Part I. Journal of Political Economy, 1973, 81 (4): 814-46.

[14] Blood, R. Love Match and Arranged Marriage. New York: Free Press, 1967.

[15] Brandt, L., H. Li, L. Turner, J. Zou. Are China's 'Leftover Women' really leftover? An investigation of marriage market penalties in modern-day China. Working Paper Series, 2018, 8.

[16] Fernandez, R., N. Guner, J. Knowles. Love and Money: A Theoretical and Empirical Analysis of Household Sorting and Inequality. Quarterly Journal of Economics, 2005, 2.

[17] Ghimire, D. J., W. G. Axinn, S. T. Yabiku, A. Thornton. Social change, premarital nonfamily experience, and spouse choice in an arranged marriage society. American Journal of Sociology, 111(4).

[18] Huang, F., G. Z. Jin, L. C. Xu. Love, money, and parental goods: Does parental matchmaking matter. NBER Working Papers, 2016(22586).

[19] Huang, F., G. Z. Jin, L. C. Xu. Love and Money by Parental Matchmaking: Evidence from Urban Couples in China. American Economic Review, 2012, 102(102): 555-560.

[20] Hwang, J. Housewife, "gold miss" and equal: the evolution of educated women's role in Asia and the U. S. Journal of Population Economics, 2016 , 29 (2): 529-570.

[21] Iyengar, S., S. Warburton. The Art of Choosing. Little Brown Book Group, 2010.

[22] Lee, G. R., L. H. Stone. Mate-selection systems and criteria: Variation according to family structure. Journal of Marriage and Family, 1980, 42(2): 319-326.

[23] Loh, C., E. J. Remick. China's skewed sex ratio and the one-child policy. The China Quarterly, 2015, 222(6): 295-319.

[24] Moore, M. Changing India, wedded to tradition: arranged marriages persist with 90s twists. The Washington Post, 1994.

[25] Murstein, B. I. Mate Selection in the 1970s. Journal of Marriage & Family, 1980, 42 (4): 777-792.

[26] Schwartz, B. The Paradox of Choice: Why More Is Less. Brilliance Audio, 2014.

[27] StataCorp. Stata structural equation modeling reference manual. Stata Press/StataCorp, 2011.

[28] Strange, H. Continuity and change: Patterns of mate selection and marriage ritual in a Malay village. Journal of Marriage and Family , 1976, 38 (3): 56-71.

[29] Thornton, A., T. E. Fricke. Social change and the family: Comparative perspectives from the West, China, and South Asia. Sociological Forum, 1987, 2(4): 746-779.

[30] Tokuhiro, Y. Marriage in Contemporary Japan. New York: Routledge, 2010.

[31] Tsutsui, J. The Transitional Phase of Mate Selection in East Asian Countries. International Sociology, 2013, 28(3): 257-276.

[32] Xu, X., M. K. Whyte. Love Matches and Arranged Matches: A Chinese Replication. Journal of Marriage and the Family, 1990, 52(3): 709-722.

[33] Zang, X. Gender and Ethnic Variation in Arranged Marriages in a Chinese City. Journal of Family Issues, 2007, 29(5): 615-638.

[34]加藤久和. 人口経済学入門. 日本評論社, 2001.

[35]樋口美雄. 育児休業制度の実証分析//社会保障研究所編. 現代家族と社会保障. 東京大学出版会, 1994: 181-204.

[36]国立社会保障・人口問題研究所編. 第12回出生動向基本调查第Ⅱ報告書: わが国独身層の結婚観と家族観, 2004.

[37]山田昌弘. 結婚の社会学. 丸善ライブラリー, 1996.

[38]山田昌弘. パラサイトシングルの時代. ちくま新書, 1999.

[39]赤川学. 子どもが減って何が悪いか. 筑摩書房, 2004.

[40]安藏伸治. 離婚とその要因: わが国における離婚に関する要因分析//大阪商業大学比較地域研究所・東京大学社会科学研究所. 日本版GeneralSocialSurveys研究論文集[2] JGSSで見た日本人の意識と行動, 2003: 25-45.

[41]朝日新聞「変転経済」取材班. 失われた〈20年〉. 岩波書店, 2009.

[42]阿藤誠, 西岡八郎, 津谷典子, 福田亘孝. 少子化時代の家族変容: パートナーシップと出生行動. 東京大学出版会, 2011.

[43]土居健郎. 「甘え」の構造. 弘文堂, 1971.

[44]福田節也. ジェンダーシステムと女性の結婚選択(1)ヨーロッパ諸国における「女性の経済的自立仮説」の検証. 季刊家計経済研究, 2007a, 76: 45-53.

[45]福田節也. ジェンダーシステムと女性の結婚選択(2)日本における「女性の経済的自立仮説」の検証. 季刊家計経済研究, 2007b, 76:

54-62.

[46]玄田有史. 仕事のなかの曖昧な不安：揺れる若年の現在. 中央公論新社，2001.

[47]樋口美雄. 経済変動と女性の結婚・出産・就業行動」家計経済研究所編. 現代女性の暮らしと働き方：消費生活に関するパネル调査(第6年度)平成11年版. 大蔵省印刷局，1999：109-128.

[48]樋口美雄，府川哲夫. ワーク・ライフ・バランスと家族形成：少子社会を変える働き方. 東京大学出版会，2008.

[49]廣嶋清志. 日本の人口動向と格差社会. 岩井浩・福島利夫・菊地進・藤江昌嗣編著. 現代社会と統計(2)格差社会の統計分析. 北海道大学出版会，2009：3-25.

[50]本田由紀. 多元化する「能力」と日本社会：ハイパー・メリトクラシー化のなかで. NTT出版，2005.

[51]本田由紀，内藤朝雄，後藤和智. 「ニート」って言うな. 光文社，2006.

[52]稲葉昭英. サンプリングとデータの基本特性//日本家族社会学会全国家族调查研究会. 日本現代家族の基礎的研究. 平成10~12年度科学研究費補助金基盤研究A研究成果報告書No. 1，2000：10-17.

[53]稲葉昭英. NFRJ98の调查設計とデータ特性//渡辺秀樹，稲葉昭英，嶋崎尚子. 現代家族の構造と変容. 東京大学出版会，2004：15-24.

[54]伊藤達也. 生活の中の人口学. 古今書院，1994.

[55]岩澤美帆. 近年の期間TFR変動における結婚行動および夫婦の出生行動の変化の寄与について. 人口問題研究，2002，58(3)：15-44.

[56]岩澤美帆. 初婚・離婚の動向と出生率への影響. 人口問題研究，2008，64(4)：19-34.

[57]岩澤美帆. 職縁結婚の盛衰からみる良縁追及の隘路//佐藤博樹，永井暁子，三輪哲. 結婚の壁：非婚・晩婚の構造. 勁草書房，2010：37-53.

[58]岩澤美帆，三田房美. 職縁結婚の盛衰と未婚化の進展. 日本労

働研究雑誌，2005，535：16-28.

[59]金子隆一. 少子化過程における夫婦出生力低下と晩婚化，高学歴化および出生行動変化効果の測定. 人口問題研究，2004，60(1)：4-35.

[60]加藤彰彦. 家族形成タイミングの規定要因に関する予備的分析//稲葉昭英，木下栄二. 夫婦・親子関係の測定と方法：NFR予備調査データを用いた検討. 日本家族社会学会全国家族调查研究会，1998：45-58.

[61]加藤彰彦. 调查票の設計//日本家族社会学会全国家族调查研究会. 日本現代家族の基礎的研究. 平成10~12年度科学研究費補助金基盤研究A研究成果報告書No. 1，2000：6-9.

[62]加藤彰彦. 调查デザインとサンプリング//日本家族社会学会全国家族调查委員会編. 全国调查「戦後日本の家族の歩み」(NFR-S01). 平成13~14年度科学研究費補助金基盤研究A研究成果報告書，2003a：1-11.

[63]加藤彰彦. 未婚化と晩婚化と社会経済的状況//渡辺秀樹，稲葉昭英，嶋﨑尚子. 現代家族の構造と変容：全国家族调查(NFRJ98)による計量分析. 東京大学出版会，2004：41-58.

[64]加藤彰彦.〈直系家族制から夫婦家族制へ〉は本当か//熊谷苑子，大久保孝治. コーホート比較による戦後日本の家族変動の研究. 日本家族社会学会全国家族调查委員会，2005：139-154.

[65]加藤彰彦. 戦後日本家族の軌跡//富田武，李静和. 家族の変容とジェンダー：少子高齢化とグローバル化のなかで. 日本評論社，2006：3-30.

[66]加藤彰彦. 未婚化の要因：階層格差とイデオロギー//国立社会保障・人口問題研究所. 少子化の要因としての成人期移行の変化に関する人口学的研究：第1報告書，2009：25-42.

[67]加藤彰彦. 結婚制度//人口学研究会. 現代人口辞典. 原書房，2010：42-43.

[68]北村行伸，坂本和靖. 世代間関係から見た結婚行動. 経済研究，2007，58(1)：31-46.

[69]国立社会保障・人口問題研究所編. 第13回出生動向基本调查第Ⅱ報告書：わが国独身層の結婚観と家族観，2007.

[70]河野稠果. 人口学への招待：少子・高齢化はどこまで解明されたか. 中央公論新社，2007.

[71]小谷敏. 仮面ライダーたちの変貌：新人類世代と新人類ジュニア世代. 三田社会学，2006，第11号：20-36.

[72]内閣府政策統括官(共生社会政策担当). 結婚・家族形成に関する调查報告書，2011.

[73]津谷典子. わが国における家族形成のパターンと要因. 人口問題研究，2006，62(1・2)：1-19.

[74]津谷典子. 学歴と雇用安定性のパートナーシップ形成への影響. 人口問題研究，2009a，65(2)：45-63.

[75]津谷典子. なぜわが国の人口は減少するのか：女性・未婚化・少子化//津谷典子，樋口美雄. 人口減少と日本経済：労働・年金・医療制度のゆくえ. 日本経済新聞出版社，2009b.

[76]八木透，山崎祐子，服部誠. 日本の民俗〈7〉男と女の民俗誌. 吉川弘文館，2008.

[77]山口一男，樋口美雄. 論争日本のワーク・ライフ・バランス. 日本経済新聞出版社，2008.

[78]山田昌弘. 結婚の現在的意味//善積京子. 結婚とパートナー関係：問い直させる夫婦. ミネルヴァ書房，2000：56-80.

[79]善積京子. スウェーデンの家族とパートナー関係. 青木書店，2004.

[80]和田光平. 結婚と家族形成の経済分析//大淵寛，高橋重郷. 少子化の人口学. 原書房，2004：133-162.

第三章
谁会相亲结婚？谁会恋爱结婚？

社会学研究一致认为，在中国现阶段，“和谁结婚”已经不是由父母单方面来决定的，婚姻决策权从父母逐步过渡到个人已成为一种必然趋势。正如前文所提及的，随着婚恋观迭代和婚姻决策权的让渡，过去以相亲结婚为主的配偶搜寻模式有可能被恋爱结婚取代，而在邻国日本，相亲结婚作为一种配偶搜寻方式已经瓦解。那么，值得思考的是，在单身个体拥有婚姻决策权的情况下，谁会选择相亲结婚？谁会选择恋爱结婚？单身男女的自身个体特征是否决定了其配偶搜寻方式？既有研究大多从男女双方婚姻适配性的角度展开讨论，因此无法判断某一个体的特征对该个体配偶搜寻方式的影响。为了回答这一问题，本章以相亲结婚和恋爱结婚这两种主要的配偶搜寻方式为基本出发点，从理论和实证两方面研究个体特征与该个体是否选择相亲结婚的关系。

第一章的研究发现，从相亲结婚到恋爱结婚的转变和大龄未婚男女现象的形成密不可分，本章通过研究哪些个体特征影响这种转变，从而为大龄未婚男女现象提供一种合理的经验支撑。

第一节　纳入相亲和恋爱的理论模型

1. 基本假设

Batabyal 和 Beladi(2002)建立包含配偶搜寻时间的动态随机模型(MD模型)，该模型认为个体优先选择恋爱结婚，只有当恋爱对象出现的时间超出个体愿意等待的时间时，才会考虑相亲结婚。Huang 等(2016)将相亲结婚和恋爱结婚同时纳入理论模型(ML 模型)，比较两者的效用大小。

我们将 MD 模型融入 ML 模型中的成本函数，基于中国实际情况，进行修改和补充。因而，本章在基本假设上与 ML 模型有着相同和不同之处。相同之处体现在：配偶搜寻方法分为相亲结婚和恋爱结婚，婚姻产出包括物质产出和情感产出。不同之处有三点：①个体的默认选择为恋爱结婚，备用选择为相亲结婚。②成本函数为等待恋爱对象出现的时间成本，该成本由个体的自身特征决定。③婚姻介绍人是利他的，但介绍人(第三方)掌握的情感产出信息不完备。

2. 婚姻产出与配偶搜寻成本分析

设z_i为任一单身个体i的特征向量，包括受教育程度、年龄、外貌、能力、性格、家庭资本等。设单身个体j为个体i的可能结婚对象，其特征向量为z_j。若个体i与个体j结婚，个体i获得的婚姻产出$G(i)$为：

$$G(i) = [g(z_i,\ z_j) + w_i]f(z_i,\ z_j) \tag{3.1}$$

其中，$f(z_i,\ z_j)$为物质产出函数，w_i为个体i从婚姻中获得的物质产出份额，$g(z_i,\ z_j)$为情感产出系数，物质产出函数和情感产出系数由夫妻两人的特征共同决定。需要注意的是：物质产出属于私人物品，则个体j获得物质产出份额为$(1-w_i)$，而情感产出属于家庭内部的公共物品，情感产出也可理解为夫妻恩爱程度，个体i与个体j获得的情感产出相同，均为$g(z_i,\ z_j)f(z_i,\ z_j)$。情感产出基于一定的物质产出，若物质产出为0，则情感产出也为0。

设个体i的恋爱对象出现时间x服从指数分布$d(x)$，$d(x)=1-e^{-ax}$，个体i最多愿意花费m单位的时间等待恋爱对象出现，若等待时间超出m单位，个体i将启用备用选择，即相亲结婚。个体i的配偶搜寻成本T_i为：

$$T_i = C(i)\left[\int_0^m (x+v_1)d(1-e^{-ax}) + (m+v_2)e^{-am}\right] \tag{3.2}$$

其中，$C(i)$为单位时间内付出的单身成本，m单位的时间内，恋爱对象出现的概率为$(1-e^{-am})$，未出现的概率为e^{-am}，v_1表示从认识恋爱对象到缔结婚姻所花费时间，v_2表示从认识相亲对象到缔结婚姻所花费时间。

3. 相亲结婚还是恋爱结婚

我们用净收益表示效用，结合(3.1)式和(3.2)式，得到个体 i 的效用 $U(i)$ 为：

$$U(i) = [g(z_i, z_j) + w_i]f(z_i, z_j) - C(i)\left[\int_0^m (x + v_1)d(1 - e^{-ax}) + (m + v_2)e^{-am}\right] \quad (3.3)$$

(3.3)式对 m 求导，得到：

$$\frac{\partial U(i)}{\partial m} = - C(i)e^{-am}[1 + a(v_1 - v_2)] \quad (3.4)$$

其中,单身成本取决于个体 i 的主观偏好,若偏好单身,则 $C(i) < 0$,若厌恶单身,则 $C(i) > 0$,否则,$C(i) = 0$。因此,对于单身偏好者,当 $v_2 < v_1 + \frac{1}{a}$ 时,$\frac{\partial U(i)}{\partial m} > 0$,当 $v_2 > v_1 + \frac{1}{a}$ 时,$\frac{\partial U(i)}{\partial m} < 0$;对于单身厌恶者,当 $v_2 < v_1 + \frac{1}{a}$ 时,$\frac{\partial U(i)}{\partial m} < 0$,当 $v_2 > v_1 + \frac{1}{a}$ 时,$\frac{\partial U(i)}{\partial m} > 0$;对于中性偏好者或 $v_2 = v_1 + \frac{1}{a}$ 时,$\frac{\partial U(i)}{\partial m} = 0$。需要注意的是,$\frac{1}{a}$ 表示等待恋爱对象出现的时间期望,$(v_1 + \frac{1}{a})$ 表示恋爱结婚需花费的时间期望值,v_2 表示相亲结婚需花费的时间。

综上可知：当相亲结婚所需时间的期望值小于恋爱结婚时，单身偏好者将选择恋爱结婚，单身厌恶者将选择相亲结婚；当相亲结婚所需时间的期望值大于恋爱结婚时，单身偏好者将选择相亲结婚，单身厌恶者将选择恋爱结婚。然而，恋爱结婚与相亲结婚花费时间以及个体是否偏好单身由多重因素决定，例如，年龄、性别、传统观念、父母受教育程度等。据此提出以下假说：

假说3.1：影响个体是否选择相亲结婚的因素主要来自三方面，即个体自身特征、家庭社会资本以及社会背景。

第二节　实证模型设定与数据说明

一、模型设定-选择相亲结婚的影响因素

基于假说3.1，为检验个人特征、家庭社会资本和社会背景是否影响配偶搜寻方法的选择，设定如下模型：

$$\text{meet}=a_0+a_1\text{self}+a_2\text{fami}+a_3\text{out}+a_4\overline{X}+\varepsilon \tag{3.5}$$

其中，meet表示是否选择相亲结婚的哑变量，self为一系列表示个人特征的变量，包括年龄、受教育年限、是否具有传统观念、能力变量，fami为一系列表示家庭社会资本的变量，包括父母受教育程度和兄弟姐妹数，out为一系列表示社会背景的变量，包括出生年代、居住地的性别比和城乡类型。$\overline{X}$为系列控制变量。由于(3.5)式的因变量为二元变量，采用传统OLS估计二值选择模型结果可能是有偏的，本章将同时采用Logit模型和Probit模型进行回归。

二、中日两国数据说明与统计分析

(一)数据来源

为检验回归结果对不同来源数据的敏感性，本章共使用两套中国微观数据，第一套来自2010年、2012年、2014年中国家庭追踪调查(CFPS)的成人调查问卷数据，这是基本回归分析采用的数据，第二套为2006年中国综合社会调查(CGSS)数据。同时，本章还试图验证日本数据是否支持理论假说，基本符合数据要求的日本数据也有两套，第一套为2006年日本综合社调查(JGSS)数据，第二套为1993—2014年日本女性消费者调查(JPSC)的追踪数据。中日两国的社会调查数据较多，但包含受访者相亲信息的微观数据较少，上述4套数据均提供受访人的相亲结婚信息。CFPS、JPSC、CGSS和JGSS的详细介绍见本章附录。其中，我们使用的CFPS数据和

JPSC 数据包含目前可获得的最新数据，CGSS 和 JGSS 是东亚社会调查（EASS）的一部分，两者基本采用相同的问卷，但仅 2006 年数据包含相亲信息，因此，本章只选用 2006 年的 CGSS 和 JGSS 数据。此外，中国的各省性别比数据来自历年《中国统计年鉴》，日本的性别比数据基于日本总务省统计局国势调查数据整理得。

（二）变量说明

不同来源数据的问卷设计不尽相同，导致变量定义有一些细节差别，本章以 CFPS 为实证分析的主要数据，以 CGSS、JGSS、JPSC 为辅助性数据，相关变量说明如下。

1. 关键变量：相亲结婚

本章用夫妻双方的认识方式来定义相亲变量。CFPS 就“与配偶/同伴如何认识”进行了提问，回答选项有 10 个，分别是：“1. 在学校自己认识”“2. 在工作场所自己认识”“3. 在居住地自己认识”“4. 在其他地方自己认识”“5. 经亲戚介绍认识”“6. 经朋友介绍认识”“7. 经婚介介绍认识”“8. 其他”“9. 父母包办”“10. 经过互联网认识”。选择前 4 项的受访者被视为通过自由恋爱认识配偶（参照组），其相应的赋值为 0；选择第 5、6、7 项的受访者被视为通过相亲认识配偶，其相应的赋值为 1。由于“父母包办”“网恋”不属于本章的讨论范围，且选择第 8—10 项的受访人相对较少（详见图 3.1 的描述性统计），过小的样本量可能会造成估计偏差，我们删除了选择这 3 项的样本。CGSS、JGSS 和 JPSC 数据的 meet 设定方法与 CFPS 相同。

2. 个人特征、家庭社会资本、社会背景

（1）个人特征：CFPS 询问了“你认为传宗接代的重要性”，选项 1—5 表示重要性依次提高。本章用该信息定义受访人的传统程度。CGSS、JGSS 均设置了“你认为生孩子的重要程度”的提问，本章对这些数据进行处理，取值越高，表示观念越传统。CFPS 中，用智力水平表示个人能力。

（2）家庭社会资本：本章用父亲受教育程度、母亲受教育程度、兄弟姐妹数来衡量，4 套数据均包含这些信息。

(3)社会背景：CFPS 中，对出生年份进行分组处理，按照出生年份在 1960 年及以前、1961—1970 年、1971—1980 年、1980 年以后的划分标准分为 4 组，以 1960 年及以前出生的样本为参照组，设置 3 个出生年代哑变量。同理，本章根据 CGSS、JGSS、JPSC 数据的出生队列特征进行类似的设定。性别比定义为"15 岁及以上男性人口对女性人口的比率"，本章将各省的性别比数据与 CFPS、CGSS 的省份信息进行匹配。限于隐私保护，日本 JGSS 和 JPSC 数据未公开受访者居住区域的都道府县信息，JGSS 仅公开受访者居住地的区域信息，JPSC 未公开居住地的任何位置信息，我们将日本 6 大区域的性别比与 JGSS 数据的区域信息进行匹配。城乡类型按居住地是否为农村分类，若为农村，设为 1，否则，设为 0。

3. 控制变量

控制变量主要包括性别、是否初婚、地区哑变量，基于不同来源的数据特征，控制变量的设定略有差别。若采用 CFPS 和 CGSS 数据，地区哑变量根据省份信息设定，对于民族变量，若为汉族，设为 1，否则设为 0；CFPS 中，控制变量还包括外貌、待人接物水平、语言表达能力、工作日社会交往时间和休息日社会交往时间，若采用 JGSS 数据，地区哑变量根据日本 6 大区域信息(北海道 · 东北、关东、中部、近畿、中国 · 四国、九州)设定。

(三)描述性统计

1. 中国数据

本章的回归分析使用的中国数据来自 CFPS 和 CGSS。如上所述，在各类认识配偶的方式中，经互联网认识和父母包办是较少数人的选择，图 3.1 的统计结果也再次证明了这个观点。本章按照受访人的出生年份分为 5 个组，分别是 1900—1949 年出生，1950—1959 年出生，1960—1969 年出生、1970—1979 年出生和 1979 年以后出生，图 3.1 为这 5 个分组样本和全样本认识配偶的方式在其相应样本中的占比。从图 3.1 可知，父母包办式婚姻在“60 后”中的占比仅为 3. 11%，在“70 后”中的占比为 2. 59%，在“80 后”中的占比降至 1. 93%，经互联网认识配偶的占比在各个出生年龄段的占比都较低，在“80 后”中占比最高，但也只有 3. 39%，这说明父母包办和网恋不能代表主流的配偶搜寻方式。同时，图 3. 1 还表明，经亲友介绍认识配偶的方式(即较为流行的传统相亲方式)在“60 后”“70 后”和“80 后”中的占比呈下降趋势，依次为 74. 37%、66. 55%、46. 15%。与此同时，受访人自己认识配偶的 4 种方式(其他地方、居住地、工作场所和学校)所占的比重均随着出生年龄队列的上升而不断增加，其中，学校认识配偶的方式在 4 种方式中的占比最高，尤其是“80 后”的样本中，在学校认识配偶所占比重达到 16. 48%。由此可见，在学校认识配偶是自由恋爱结婚的群体中较为常见的配偶搜寻方式。那么，值得思考的是，随着受教育程度的提高，人们自由恋爱的可能性更大？本章第三节就这个问题进行了解答。

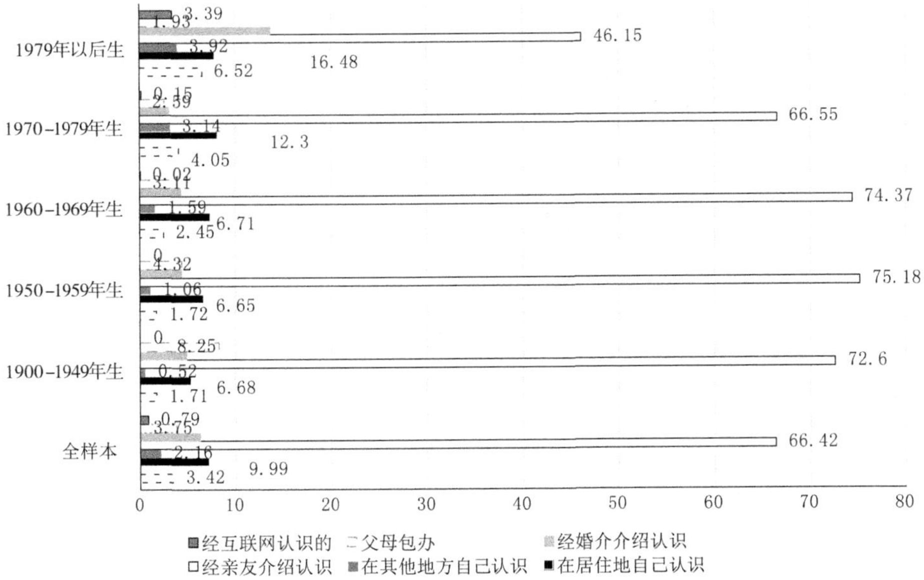

图 3. 1　与配偶/同伴的认识方式——按不同出生年份分组(单位:%)

资料来源：作者基于 CFPS 数据整理

表3.1为中国CFPS和CGSS数据按照相亲结婚、恋爱结婚分组后的主要变量均值，由于CFPS和CGSS对能力变量的度量标准不同，因而能力均值差别较大。此外，CFPS用受教育年限表示教育水平，CGSS用受教育程度表示教育水平。比较表3.1中恋爱结婚群体与相亲结婚群体的各个变量的统计值大小，可以看出，两个群体在CFPS中的统计值大小比较结果和CGSS几乎完全一致，说明我们选取的这两套微观数据质量较高，误差相对较小。从表3.1可知：

(1)个人特征变量。①相亲结婚群体的平均结婚年龄低于恋爱结婚群体，说明同等条件下，如果拒绝相亲结婚而选择等待爱情出现的话，则结婚年龄将被推迟。②选择相亲结婚的群体，其平均受教育水平要低于恋爱结婚的群体，而且相亲结婚群体的观念传统程度普遍高于恋爱结婚群体。③恋爱结婚群体的平均能力水平要高于相亲结婚的群体。

(2)家庭社会资本。恋爱结婚群体的母亲受教育程度和父亲受教育程度要高于相亲结婚的群体，其平均的兄弟姐妹数要少于相亲结婚的群体。

2. 日本数据

日本数据来自JGSS和JPSC，描述性统计结果见表3.2。JGSS和JPSC均用受教育程度表示受教育水平。从表3.2可知：

(1)个人特征变量。①在日本，相亲结婚群体的平均受教育水平低于恋爱结婚群体，而相亲结婚群体的观念传统程度普遍高于恋爱结婚群体，这和中国的情况一致。②和中国情况不同的是，日本的相亲结婚群体的平均年龄要高于恋爱结婚的群体，JGSS和JPSC的统计结果均可证实这一点。③此外，JGSS数据显示，恋爱结婚样本的平均能力高于相亲结婚样本，而JPSC数据显示，相亲结婚女性的能力高于恋爱结婚女性，其可能的原因是，JPSC调查对象是日本女性，日本女性一旦结婚，往往容易失去职场地位，为了维护职场地位，有能力的女性倾向于推迟结婚(Hwang，2016)，日本女性平均初婚年龄已达29.4岁(厚生劳动省，2015年)，结合JPSC的第1行数据可知，日本女性年龄越大，越可能相亲结婚，因此，能力较强的女性推迟结婚进而导致相亲结婚的可能性提高。

表 3.1　　中国微观数据的主要变量分组描述性统计——均值

国别	中国			
数据来源	CFPS		CGSS	
分组样本	恋爱结婚	相亲结婚	恋爱结婚	相亲结婚
结婚年龄	24.1124	23.6015	24.6000	23.8219
受教育年限(程度)	8.5606	6.7270	3.4148	2.8491
观念传统程度	3.8818	4.0479	4.3656	4.5193
能力	5.1150	4.8350	0.2251	0.2154
母亲受教育程度	1.5943	1.3534	2.1733	1.7625
父亲受教育程度	2.0675	1.7777	1.7668	1.4356
兄弟姐妹数	2.7723	3.1509	1.6081	1.7088
出生年份	1967.4117	1962.0986	1965.5814	1959.1189
年龄	42.5883	47.9014	40.4186	46.8811
性别(男性=1)	0.5009	0.4852	0.5420	0.5752
是否初婚(是=1)	0.9677	0.9700	0.9891	0.9858
农村	0.4147	0.5532	0.1781	0.4085
汉族	0.8774	0.9441	0.9326	0.9548

资料来源：作者基于中国 CFPS 和 CGSS 整理得到。

(2)家庭社会资本。第 5 行至第 7 行为家庭社会资本变量的均值，观察可知：中国和日本的变量均值特征类似，与相亲结婚群体相比，恋爱结婚群体的父母平均受教育程度都较高，平均年龄较小，而相亲结婚群体的平均兄弟姐妹数高于恋爱结婚群体。

3. 中日两国的相亲结婚比较

进一步地，为了考察中日两国相亲结婚的异同，我们按照不同划分标准进行分组，并比较不同分组样本中的中国和日本的相亲结婚占比，结果如图 3.2 所示。图 3.2 共有 4 个小图，分别是按照受教育程度、传统观念程度、父母受教育程度和出生队列的分组。

观察图 3.2 可知，无论按照哪种标准分组，日本相亲结婚的比例普遍低于中国，这印证了日本早已经历相亲结婚占比下降的说法。中国和日本的相亲结婚占比的变化特征较为相似，具体而言：(a)图中，随着受教育程度提高，相亲结婚占比不断下降；(b)图中，与思想观念不够传统的群体相比，观念传统的群体更倾向于选择相亲结婚；(c)图中，父亲或母亲的受教育程度为小学或文盲的样本中，相亲结婚占比最高，随着父母受教育程度的提高，相亲结婚占比呈下降趋势；(d)图中，1960 年以前出生的样本比 1960 年以后出生的样本更倾向于相亲结婚。

表 3.2　　日本微观数据的主要变量分组描述性统计——均值

国别	日本			
数据来源	JGSS		JPSC	
分组样本	恋爱结婚	相亲结婚	恋爱结婚	相亲结婚
结婚年龄	26.1312	26.1529	23.4662	23.8306
受教育年限(程度)	4.1961	3.8639	3.5135	3.2910
观念传统程度	4.3710	4.6646		
能力	0.8587	0.7627	0.9608	0.9808
母亲受教育程度	3.1007	2.7737	2.1637	2.1433
父亲受教育程度	2.9823	2.6282	2.5538	2.4431
兄弟姐妹数	1.2726	1.4992	2.4596	2.4668
出生年份	1954.2527	1946.4003	1973.4507	1972.6573
年龄	51.4470	59.2737	39.5493	40.3427
性别(男性=1)	0.4841	0.4383		
是否初婚(是=1)	0.9488	0.9731		
农村	0.1272	0.1218	0.1166	0.1905

资料来源：作者基于日本 JGSS 和 JPSC 整理得到。

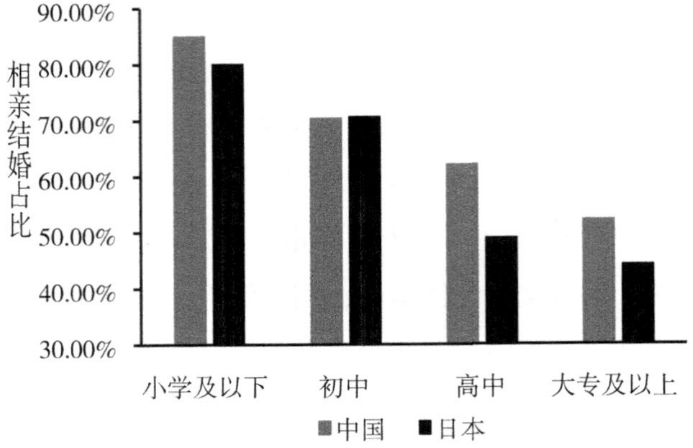

(a) 按受访人教育程度分组

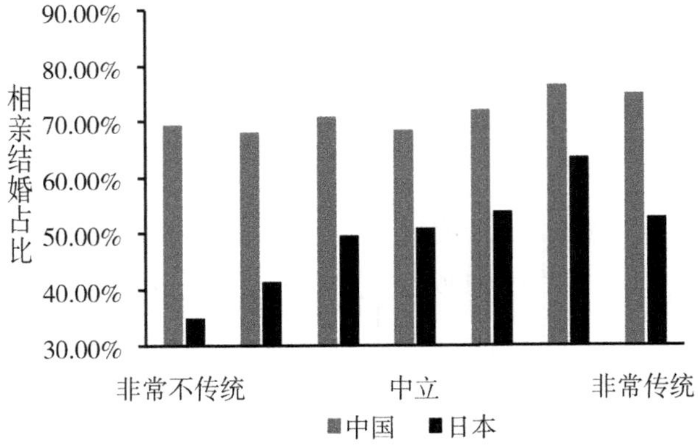

(b) 按受访人观念传统程度分组

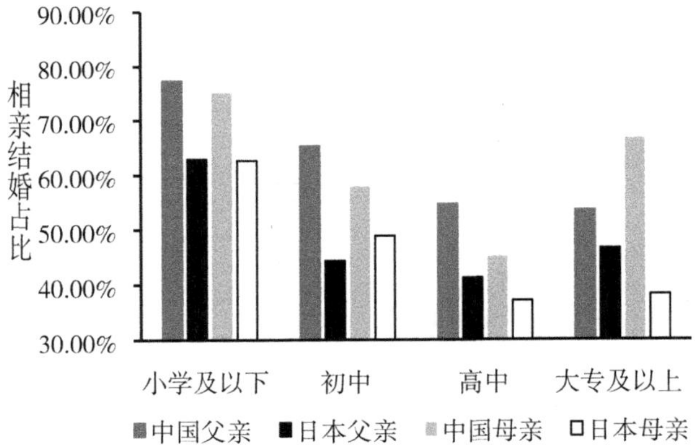

(c) 按受访人父母教育程度分组

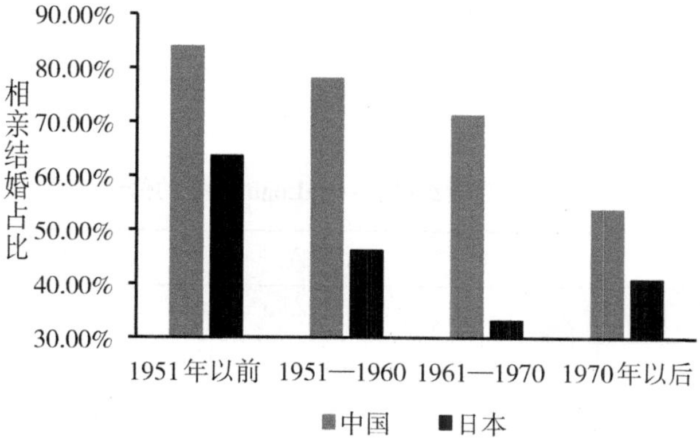

(d)受访人按出生队列分组

图 3.2　不同划分标准的分组样本中相亲结婚占比

资料来源：作者基于中国 CGSS2006 和日本 JGSS2006 年数据整理得到。

第三节　相亲结婚还是恋爱结婚的实证结果

一、基于中国 CFPS 数据

（一）相亲结婚还是恋爱结婚？——基本回归分析

基于 CFPS 数据的回归结果如表 3.3 所示。表 3.3 是 Logit 模型的估计结果，为了避免仅仅使用单一的计量方法导致的回归结果偏差，我们还列出了 Probit 模型的估计结果，如表 3.4 所示。为了方便比较，表 3.3 和表 3.4 各行各列对应的变量一致，差别仅在于两者所采用的计量模型不同。其中，列 4 包含的变量最完整，为验证回归结果的稳健性，列 1 删除家庭社会资本变量，列 2 删除性别比、性别比与农村的交叉项变量，列 3 删除性别比与农村的交叉项变量。经比较发现，表 3.3 和表 3.4 各列系数的显著性、正负符号基本一致，说明回归结果稳健。由于 Probit 模型的系数不能从概率比（odds ratio）角度进行解释，这里主要对 Logit 模型的结果进行分析，列 4 包含的变量信息最完整，概率比计算以列 4 为准。具体从以下三个方面说明。

表 3.3　　**相亲结婚还是恋爱结婚？——Logit 模型的估计结果**

	(1)	(2)	(3)	(4)
个人特征变量				
结婚年龄	-0.0025	-0.0019	-0.0019	-0.0019
	(-0.57)	(-0.36)	(-0.36)	(-0.36)
受教育年限	-0.0675***	-0.0613***	-0.0613***	-0.0612***
	(-14.12)	(-10.73)	(-10.73)	(-10.72)
观念传统程度	0.0806***	0.0689***	0.0689***	0.0696***
	(5.46)	(4.18)	(4.18)	(4.23)
能力(智力)	-0.0279	-0.0464*	-0.0464*	-0.0452
	(-1.11)	(-1.65)	(-1.65)	(-1.61)
家庭社会资本				
母亲教育程度		-0.0750***	-0.0750***	-0.0746***
		(-2.74)	(-2.74)	(-2.73)
父亲教育程度		-0.0057	-0.0057	-0.0057
		(-0.27)	(-0.27)	(-0.27)
兄弟姐妹人数		0.0016	0.0016	0.0006
		(0.13)	(0.13)	(0.05)
社会背景(出生年代参照组：1960 年及以前)				
1961—1970 年	-0.0533	-0.0381	-0.0381	-0.0353
	(-1.18)	(-0.72)	(-0.72)	(-0.66)
1971—1980 年	-0.5717***	-0.5803***	-0.5803***	-0.5801***
	(-12.36)	(-10.37)	(-10.37)	(-10.36)
1981 年及以后	-1.0658***	-1.0029***	-1.0029***	-1.0080***
	(-18.64)	(-14.38)	(-14.38)	(-14.45)

续表

	(1)	(2)	(3)	(4)
性别比	-0.5903***		-0.6898***	-0.6440***
	(-3.75)		(-3.99)	(-3.72)
性别比×农村				-0.0625***
				(-3.37)
农村	0.4256***	0.4006***	0.4006***	6.7428***
	(10.84)	(9.00)	(9.00)	(3.58)
控制变量				
外貌	-0.0715***	-0.0622**	-0.0622**	-0.0672**
	(-2.99)	(-2.31)	(-2.31)	(-2.49)
待人接物水平	0.0264	0.0225	0.0225	0.0232
	(1.14)	(0.86)	(0.86)	(0.88)
语言表达能力	0.0159	0.0356	0.0356	0.0364
	(0.71)	(1.42)	(1.42)	(1.45)
其他控制变量	是	是	是	是
样本量	23 310	18 777	18 777	18 777

注：括号内( )为 t 统计量，***、**、* 分别代表在 1%、5%、10%水平上显著。其他控制变量包括性别(男=1)、是否初婚(是=1)、民族(汉族=1)、休息日社交时间、工作日社交时间和地区哑变量。

(1)表 3.3 的个人特征变量中，结婚年龄的系数为负，但不显著，说明年龄不是影响个体选择相亲结婚的显著性因素。受教育年限的系数显著为负，观念传统程度的系数显著为正，说明同等条件下，受教育年限越高，相亲结婚的概率越低；思想观念越传统，相亲结婚的概率越高。智力水平在列 1、列 4 和列 5 不显著，在其他列仅在 10%水平上显著为负，因此可认为，智力也不是决定个体是否选择相亲结婚的主要因素。

(2)根据表 3.3，反映家庭社会资本的 3 个变量中，父亲受教育程度和兄弟姐妹数的系数在各列均不显著，母亲受教育程度在各列均显著为负，说明在一个家庭中，父亲的受教育程度和兄弟姐妹数对个体是否选择相亲结婚无决定性影响，而母亲的受教育程度越高，相亲结婚的概率越低。同等条件下，母亲受教育程度每提高一个级别，选择相亲结婚的概率将下降 7.19%($1-e^{-0.0746}$)。

表 3.4　　相亲结婚还是恋爱结婚？——**Probit 模型的估计结果**

	(1)	(2)	(3)	(4)
个人特征变量				
结婚年龄	-0.0027	-0.0024	-0.0024	-0.0024
	(-1.04)	(-0.79)	(-0.79)	(-0.79)
受教育年限	-0.0380***	-0.0345***	-0.0345***	-0.0345***
	(-14.05)	(-10.69)	(-10.69)	(-10.68)
观念传统程度	0.0465***	0.0398***	0.0398***	0.0403***
	(5.44)	(4.17)	(4.17)	(4.22)
能力(智力)	-0.0190	-0.0297*	-0.0297*	-0.0288*
	(-1.33)	(-1.84)	(-1.84)	(-1.79)
家庭社会资本				
母亲教育程度		-0.0466***	-0.0466***	-0.0465***
		(-2.89)	(-2.89)	(-2.89)
父亲教育程度		-0.0047	-0.0047	-0.0047
		(-0.39)	(-0.39)	(-0.39)
兄弟姐妹人数		0.0014	0.0014	0.0009
		(0.21)	(0.21)	(0.14)
1961—1970 年	-0.0323	-0.0212	-0.0212	-0.0197
	(-1.27)	(-0.71)	(-0.71)	(-0.66)
1971—1980 年	-0.3337***	-0.3354***	-0.3354***	-0.3355***
	(-12.47)	(-10.42)	(-10.42)	(-10.42)

续表

	(1)	(2)	(3)	(4)
1981 年及以后	−0. 6297***	−0. 5872***	−0. 5872***	−0. 5898***
	(−18. 70)	(−14. 43)	(−14. 43)	(−14. 49)
性别比	−0. 3389***		−0. 3969***	−0. 3714***
	(−3. 90)		(−4. 17)	(−3. 89)
性别比×农村				−0. 0316***
				(−2. 99)
农村	0. 2457***	0. 2313***	0. 2313***	3. 4338***
	(10. 97)	(9. 10)	(9. 10)	(3. 21)
控制变量				
外貌	−0. 0396***	−0. 0344**	−0. 0344**	−0. 0371**
	(−2. 91)	(−2. 23)	(−2. 23)	(−2. 41)
待人接物水平	0. 0154	0. 0138	0. 0138	0. 0141
	(1. 16)	(0. 92)	(0. 92)	(0. 94)
语言表达能力	0. 0076	0. 0192	0. 0192	0. 0195
	(0. 59)	(1. 34)	(1. 34)	(1. 36)
其他控制变量	是	是	是	是
样本量	23 310	18 777	18 777	18 777

注：括号内( )为 t 统计量，***、**、* 分别代表在 1%、5%、10%水平上显著。其他控制变量包括性别(男=1)、是否初婚(是=1)、民族(汉族=1)、休息日社交时间、工作日社交时间和地区哑变量。

(3)表 3. 3 的社会背景变量中，从出生年代的变量系数可知，20 世纪 60 年代和 60 年代以前的出生队列在选择相亲结婚上无显著性差异，与 1960 年及以前的出生队列相比，70 年代的出生队列选择相亲结婚的概率显著下降 44. 02%($1-e^{-0.5801}$)，80 年代的出生队列选择相亲结婚的概率显著下降 63. 51%($1-e^{-1.0080}$)。性别比的系数显著为负，说明男性人口对女性人口的比率越高，相亲结婚的概率越低，性别比与农村的交叉项显著为负，意味着相同比率的性别比对农村人口选择相亲结婚的负向影响大于城市。农村的系数显著均为正，说明同等条件下，与城市相比，农村人口相亲结婚的概率更高。此外，控制变量中，外貌的系数显著为负，说明越漂亮，相亲结婚的概率越低。

（二）相亲结婚还是恋爱结婚？——按性别分组的检验

考虑到性别差异对回归结果的影响，我们还对性别分组数据进行估计分析，结果如表3.5所示。比较表3.3、表3.4和表3.5可知，三者估计系数的显著性、正负符号基本一致，说明回归结果较为稳健。具体从以下四个方面说明。

表3.5　**相亲结婚还是恋爱结婚？——基于CFPS的性别分组数据**

	Logit		Probit	
	男性	女性	男性	女性
个人特征变量				
结婚年龄	-0.0099	0.0106	-0.0070*	0.0044
	(-1.48)	(1.20)	(-1.84)	(0.90)
受教育年限	-0.0520***	-0.0737***	-0.0296***	-0.0412***
	(-6.36)	(-8.95)	(-6.39)	(-8.89)
观念传统程度	0.0806***	0.0585**	0.0479***	0.0325**
	(3.44)	(2.50)	(3.53)	(2.41)
能力(智力)	-0.0609	-0.0386	-0.0415*	-0.0225
	(-1.48)	(-1.00)	(-1.74)	(-1.02)
家庭社会资本				
母亲教育程度	-0.0478	-0.0998***	-0.0303	-0.0616***
	(-1.19)	(-2.65)	(-1.27)	(-2.80)
父亲教育程度	-0.0137	0.0034	-0.0086	-0.0005
	(-0.47)	(0.11)	(-0.50)	(-0.03)

续表

	Logit		Probit	
	男性	女性	男性	女性
兄弟姐妹人数	-0.0096	0.0094	-0.0056	0.0069
	(-0.59)	(0.56)	(-0.60)	(0.72)
社会背景(出生年代参照组：1960年及以前)				
1961—1970年	-0.1594**	0.1227	-0.0953**	0.0743*
	(-2.19)	(1.56)	(-2.31)	(1.69)
1971—1980年	-0.7155***	-0.4109***	-0.4173***	-0.2356***
	(-9.22)	(-5.03)	(-9.30)	(-5.04)
1981年及以后	-1.2264***	-0.7819***	-0.7226***	-0.4554***
	(-11.92)	(-8.05)	(-11.96)	(-8.08)
性别比	-0.8387***	-0.4822**	-0.4813***	-0.2778**
	(-3.25)	(-2.05)	(-3.43)	(-2.12)
性别比×农村	-0.0625**	-0.0638**	-0.0318**	-0.0320**
	(-2.40)	(-2.41)	(-2.12)	(-2.14)
农村	6.7150**	6.8792**	3.4445**	3.4735**
	(2.54)	(2.56)	(2.27)	(2.29)
控制变量				
外貌	-0.0473	-0.0788**	-0.0255	-0.0441**
	(-1.23)	(-2.06)	(-1.15)	(-2.03)
待人接物水平	0.0308	0.0175	0.0182	0.0112
	(0.82)	(0.47)	(0.84)	(0.53)
语言表达能力	0.0137	0.0548	0.0095	0.0280
	(0.38)	(1.57)	(0.46)	(1.40)
其他控制变量	是	是	是	是
样本量	9164	9613	9164	9613

注：括号内( )为 t 统计量，***、**、*分别代表在1%、5%、10%水平上显著。其他控制变量包括是否初婚(是=1)、民族(汉族=1)、休息日社交时间、工作日社交时间和地区哑变量。

(1)个人特征变量中，男性结婚年龄的系数为负，仅 Probit 模型的估计系数在 1%水平上显著，女性结婚年龄的系数为正，但均不显著，据此认为，结婚年龄不是影响男性和女性选择相亲结婚的决定性因素。受教育年限的系数均显著为负，同等条件下提高受教育年限对女性相亲结婚的抑制作用大于男性，受教育年限每提高 1 年，男性选择相亲结婚的概率下降 5.07%（$1-e^{-0.0520}$），而女性选择相亲结婚的概率下降 7.10%（$1-e^{-0.0737}$）。观念传统程度的系数均显著为正，其他条件相同时，同等的观念传统程度对男性选择相亲结婚的促进作用大于女性。男性智力水平的系数在 Logit 模型中不显著，女性智力水平的系数均不显著，据此认为，无论是男性还是女性，智力不是影响选择相亲结婚的主要因素。

(2)家庭社会资本的变量中，母亲受教育年限仅对女性受访者有显著的负向影响，但对男性无显著性影响，这和 Tsutsui(2013)的观点相符，即由于东亚国家的性别不平等现象，女性在婚姻问题上往往处于弱势地位，因而父母在女儿婚姻上的干预程度要大于儿子。

(3)社会背景变量中，与 1960 年及以前的出生队列相比，60 年代出生的男性选择相亲结婚的概率显著下降，但 Logit 模型中，女性 60 年代出生队列不显著，Probit 模型中仅在 10%水平上显著，且系数值较小，说明同等条件下 60 年代出生的女性和 60 年代以前出生的女性在选择相亲结婚上无显著性区别。与 1960 年及以前的出生队列相比，70 年代和 80 年代出生的男性和女性选择相亲结婚的概率均显著下降。其他条件相同时，同时代出生的人口中，男性选择相亲结婚的概率低于女性，说明男性更可能恋爱结婚，女性更可能相亲结婚。性别比在各列的系数均显著为负，说明提高男性人口对女性人口的比率，对男性和女性选择相亲结婚均有负向抑制作用，其可能的原因是，对于男性而言，性别比提高意味着适婚女性人口相对减少，潜在的相亲对象人数下降，相亲结婚的可能性下降；在配偶搜寻过程中，男性处于主动追求地位，男性通过竞争追求有限的适婚女性，当男性人口相对增加时，婚姻市场对女性的需求随之增加；对于女性而言，被追求的可能性增加，进而恋爱结婚的机会增加，相亲结婚的概率下降。

(4)此外，农村的系数均显著为正，说明无论是农村男性还是农村女性，相亲结婚的概率均大于城市。性别比与农村交叉项的系数显著为负，说明性别比对农村男性选择相亲结婚的负向抑制作用大于城市男性，性别比对农村女性选择相亲结婚的负向抑制作用大于城市女性。控制变量中，仅女性的外貌变量系数显著为负，说明女性越漂亮，相亲结婚的概率越低，但外貌对男性是否选择相亲结婚无显著性影响。究其原因，婚姻市场中，女性处于被动地位，外貌作为一种人际交往信号(郭继强等，2016)，长相漂亮增加了女性吸引力和被追求的可能性，进而提高了恋爱结婚的概率。

(三)相亲结婚还是恋爱结婚？——多值选择模型检验

进一步，本章基于 CFPS 数据，将受访人认识配偶的方式细分为 5 组，分别是“在学校自己认识”“在工作场所自己认识”“在居住地自己认识”“在其他地方自己认识”和“经人(亲朋或婚介)介绍认识”。前 4 组属于恋爱结婚样本，第 5 组属于相亲结婚样本。我们以“在其他地方自己认识”为参照组，其他 4 组依次赋值 1、2、3、4，建立多项 Logit 模型，结果见表 3.6。但多项 Logit 模型成立的前提是满足无关方案的独立性(IIA)，因此表 3.6 仅作为稳健性检验结果。具体从以下三个方面说明。

(1)个人特征变量中，各列结婚年龄的系数显著为负，说明年龄越大，受访人在学校、工作场所、居住地自己认识配偶或经人介绍认识配偶的概率越小，随着年龄增长，受访人越有可能在其他地方认识配偶。提高受教育年限的同时，在学校或工作场所认识配偶的概率也将提高，在居住地和在其他地方认识配偶的概率无显著性差别，而经人介绍认识配偶的概率下降，说明受教育年限越高，相亲结婚的概率越低，这和表 3.3、表 3.4 的结论一致。观念越传统，越可能相亲结婚，但观念传统程度对恋爱结婚群体认识配偶的方式无显著性影响。

表 3.6 相亲结婚还是恋爱结婚？——基于多值选择模型的分析

	多项 Logit 模型(基准选项：在其他地方自己认识)			
	恋爱结婚			相亲结婚
	在学校认识	在工作场所认识	在居住地认识	经人介绍
个人特征变量				
结婚年龄	−0.1302***	−0.0257*	−0.0618***	−0.0451***
	(−6.39)	(−1.81)	(−4.19)	(−3.49)
受教育年限	0.2838***	0.0326*	−0.0281	−0.0267*
	(12.82)	(1.88)	(−1.59)	(−1.67)
观念传统程度	0.0514	0.0003	0.0289	0.0860*
	(0.93)	(0.01)	(0.57)	(1.93)
能力(智力)	−0.1265	−0.1549*	−0.1413	−0.1801**
	(−1.22)	(−1.81)	(−1.62)	(−2.27)
家庭社会资本				
母亲教育程度	−0.0868	−0.0806	−0.1013	−0.1228*
	(−1.04)	(−1.10)	(−1.24)	(−1.80)
父亲教育程度	−0.0048	−0.0723	−0.1456**	−0.0735
	(−0.07)	(−1.26)	(−2.36)	(−1.39)
兄弟姐妹人数	0.0417	0.1139***	0.1139***	0.0939***
	(0.92)	(3.00)	(2.96)	(2.65)
社会背景(出生年代参照组：1960 年及以前)				
1961—1970 年	−0.8359***	−0.4980***	−0.5121***	−0.5743***
	(−3.90)	(−2.71)	(−2.78)	(−3.37)
1971—1980 年	−0.9340***	−0.3148*	−0.7371***	−1.1293***
	(−4.38)	(−1.73)	(−3.98)	(−6.67)
1981 年及以后	−1.0215***	−0.3800*	−1.2622***	−1.7406***
	(−4.27)	(−1.84)	(−5.81)	(−9.04)
性别比	0.1585	−0.1337	0.3788	−0.5297
	(0.25)	(−0.26)	(0.68)	(−1.12)

续表

	多项 Logit 模型(基准选项：在其他地方自己认识)			
	恋爱结婚			相亲结婚
	在学校认识	在工作场所认识	在居住地认识	经人介绍
性别比×农村	-0.2300***	-0.1627***	-0.1175**	-0.1825***
	(-3.57)	(-3.01)	(-2.05)	(-3.63)
农村	23.2793***	16.2570***	12.0581**	18.8376***
	(3.55)	(2.95)	(2.07)	(3.68)
控制变量				
外貌	0.1425	0.1109	0.1137	0.0382
	(1.49)	(1.40)	(1.40)	(0.52)
待人接物水平	0.0034	0.1368*	0.1502*	0.1404**
	(0.04)	(1.77)	(1.91)	(1.98)
语言表达能力	0.0494	-0.0033	-0.0187	0.0278
	(0.54)	(-0.04)	(-0.25)	(0.41)
其他控制变量	是	是	是	是
样本量	18 777	18 777	18 777	18 777

注：括号内( )为 t 统计量，***、**、* 分别代表在 1%、5%、10%水平上显著。其他控制变量包括性别(男=1)、是否初婚(是=1)、民族(汉族=1)、休息日社交时间、工作日社交时间和地区哑变量。

(2)家庭社会资本的变量中，母亲受教育程度对恋爱结婚群体认识配偶的方式无显著性影响，但母亲受教育程度越高，越不可能相亲结婚，这和表 3.3、表 3.4 的结论一致。父亲受教育程度对选择相亲结婚无显著性影响，但父亲受教育程度越高，越不可能在居住地自己认识配偶。兄弟姐妹数越多，越有可能在工作场所、居住地认识配偶或通过相亲认识配偶，其可能的原因是，兄弟姐妹作为重要的人际资源，为受访人认识更多的异性创造了良好条件。

(3)社会背景变量中，与 1960 年及以前出生的队列相比，20 世纪 60

年代出生的队列选择相亲结婚的概率显著低于在其他地方自己认识配偶的概率，在学校、工作场所和居住地认识配偶的概率也显著低于在其他地方认识配偶的概率，70年代出生的队列和80年代出生的队列表现出类似的特征。由此可见，随着社会发展和时代进步，人们认识配偶的方式更加多元化，人们更有可能在传统地点（学校、工作场所、居住地）以外的地方认识恋爱对象。农村的系数显著为正，说明与城市相比，农村人口更可能在学校、工作场所、居住地认识配偶或经人介绍认识配偶。性别比的系数均不显著，性别比和农村交叉项的系数显著为负，说明性别比对城市群体认识配偶的方式无显著影响，但提高性别比不利于农村群体在学校、工作场所、居住地认识配偶，也降低了相亲结婚的可能性。

二、基于中日两国数据的比较研究

中国CGSS和日本JGSS的问卷设计较为统一。JPSC是日本家计经济研究所自1993年启动的针对中青年女性的追踪调查，目前，其调查对象主要集中在“60后”“70后”和“80后”，因而其出生年代哑变量的设定和CGSS、JGSS不同。受问卷内容设计限制，JPSC的缺失数据有观念传统程度、性别比和地区哑变量。本章综合运用中日两国的微观数据，进行回归分析，结果如表3.7所示。需要注意的是，表3.7的三套数据中，除了能力变量外，其他变量的度量标准基本一致。根据三套数据特征，CGSS中，本章用结婚时收入是否大于配偶（是=1）来定义个人能力，JGSS和JPSC中，个人能力分别定义为“是否为公司正式社员（是=1）”“上学期间的经济独立程度”。结合表3.3、表3.4、表3.5、表3.6、表3.7，本章从以下三个方面展开比较分析。

（一）中日两国回归结果对比

（1）个人特征变量中，年龄对中国受访人选择相亲结婚无显著性影响，而年龄越大，日本受访人越可能选择相亲结婚。受教育程度越高，恋爱结婚的可能性越大，该结论在中国和日本均成立。JGSS中，观念传统程度的系数显著为正，说明在日本，越传统越可能选择相亲结婚，这和中国 CFPS 数据的回归结果一致。

表 3.7 相亲结婚还是恋爱结婚？——基于中日数据的比较分析

国别	中国		日本			
数据来源	CGSS		JGSS		JPSC	
	Logit	Probit	Logit	Probit	Logit	Probit
个人特征变量						
结婚年龄	-0.0128	-0.0085	0.0547***	0.0328***	0.0850***	0.0519***
	(-0.74)	(-0.84)	(3.47)	(3.51)	(2.75)	(2.73)
受教育程度	-0.2602***	-0.1527***	-0.3144***	-0.1919***	-0.2342***	-0.1429***
	(-3.40)	(-3.45)	(-3.30)	(-3.30)	(-3.82)	(-3.86)
观念传统程度	0.0380	0.0188	0.1191**	0.0731**		
	(0.85)	(0.73)	(2.48)	(2.49)		
能力	0.1373	0.0795	-0.3174*	-0.1934*	0.1381*	0.0845*
	(0.91)	(0.91)	(-1.87)	(-1.87)	(1.80)	(1.78)
家庭社会资本						
母亲教育程度	-0.0129	-0.0077	-0.1295	-0.0810	0.0608	0.0373
	(-0.09)	(-0.09)	(-0.99)	(-1.01)	(0.81)	(0.81)
父亲教育程度	-0.2114**	-0.1240**	0.0299	0.0165	0.0096	0.0062
	(-2.04)	(-2.04)	(0.30)	(0.27)	(0.18)	(0.19)
兄弟姐妹人数	-0.0058	-0.0020	-0.0261	-0.0168	0.0825	0.0515
	(-0.16)	(-0.09)	(-0.62)	(-0.66)	(0.98)	(0.99)
社会背景(出生年代参照组：列 1-列 4 以 1951 年以前出生的样本为参照，列 5-列 6 以 1961—1970 年出生的样本为参照)						
1951—1960 年	-0.2716	-0.1659	-0.4947***	-0.3033***		
	(-1.47)	(-1.59)	(-2.86)	(-2.83)		
1961—1970 年	-0.6521***	-0.3713***	-1.0191***	-0.6228***		
	(-3.63)	(-3.61)	(-4.79)	(-4.82)		

续表

国别	中国		日本			
数据来源	CGSS		JGSS		JPSC	
	Logit	Probit	Logit	Probit	Logit	Probit
1971—1980年	−1.3505***	−0.7977***	−0.5752**	−0.3514**	0.0064	0.0007
	(−6.76)	(−6.96)	(−2.29)	(−2.27)	(0.04)	(0.01)
1981—1990年					−0.0355	−0.0233
					(−0.19)	(−0.20)
性别比	−0.2702	−0.1879	0.0682	0.0444		
	(−0.52)	(−0.60)	(0.73)	(0.78)		
农村	1.3815***	0.7672***	−0.2556	−0.1606	0.7152***	0.4451***
	(7.93)	(8.03)	(−1.32)	(−1.35)	(3.77)	(3.76)
控制变量						
性别(男性=1)	0.3148**	0.1701**	−0.3462**	−0.2083**		
	(2.39)	(2.23)	(−2.53)	(−2.50)		
其他控制变量	是	是	是	是	否	否
样本量	1881	1881	1181	1181	912	912

注：括号内()为 t 统计量，***、**、*分别代表在1%、5%、10%水平上显著。列1和列2的其他控制变量包括是否初婚(是=1)、民族(汉族=1)和地区哑变量。列3和列4的其他控制变量包括是否初婚(是=1)和地区哑变量。

(2)家庭社会资本的三个变量均不显著，说明在日本，父母受教育程度、兄弟姐妹数不是决定选择相亲结婚的主要因素。

(3)社会背景变量中，与1951年以前的出生队列相比，中国和日本的“60后”和“70后”倾向于恋爱结婚，选择相亲结婚的概率较低，这一特征在日本的“50后”队列中也有明显的体现，这再次表明，日本先于中国经历相亲结婚占比下降的现象。

(4)控制变量中，中国男性比中国女性更倾向于相亲结婚，而日本男性比日本女性更倾向于恋爱结婚。

（二）中国 CFPS 和 CGSS 的回归结果对比

CGSS 数据的回归结果显示，结婚年龄的系数不显著，受教育程度的系数显著为负，出生年代哑变量的系数显著为负，农村的系数显著为正，结合表 3.3、表 3.4 和表 3.5 可知，CFPS 和 CGSS 数据的关键变量回归结果基本一致。CGSS 数据中，观念传统程度和性别比的系数正负符号和 CFPS 相同，但均不显著。其可能的原因是，本章使用的 CGSS 和 CFPS 数据的调查年份不同，调查省份略有差异。

（三）日本 JGSS 和 JPSC 的回归结果对比

①个人特征变量中，JGSS 和 JPSC 一致表明，年龄越大，越可能相亲结婚，受教育程度越高，越可能恋爱结婚。JGSS 和 JPSC 对能力的度量标准不同有关，且后者仅针对女性，因而能力变量的系数符号相反。JGSS 中，能力变量的系数显著为负，说明正式社员恋爱结婚的概率大于非正式社员，JPSC 中，能力变量的系数显著为正，说明经济越独立的女性，相亲结婚的可能性越大。②JGSS 和 JPSC 中，父亲受教育程度、母亲受教育程度、兄弟姐妹数的系数均不显著，说明家庭社会资本对日本受访人选择相亲结婚无显著影响。③社会背景变量中，JGSS 的 3 个出生年代哑变量系数显著为负，说明日本 20 世纪 50 年代以前出生的队列和 50 年代以后出生的队列在选择相亲结婚上表现出明显的差异。JPSC 的出生年代哑变量系数均不显著，说明日本“60 后”“70 后”和“80 后”的女性在选择相亲结婚上无显著性差异。

第四节　本章小结

本章遵循理论-实证的研究路线，理论方面，将 MD 模型和 ML 模型结合起来，构建相亲结婚的理论模型，结果表明，多种因素影响个体是否选择相亲结婚。实证方面，为验证理论假说，本章搜集了中国 CFPS、CGSS

数据和日本 JGSS、JPSC 数据，综合运用 Logit 模型、Probit 模型、多项 Logit 模型分析选择相亲结婚的决定因素。中国的数据完全支持理论假说，以 CFPS 数据的回归结果为例，个人特征变量中，受教育水平越高，越倾向于恋爱结婚；观念越传统，越倾向于相亲结婚。家庭社会资本变量中，母亲受教育程度越高，越倾向于恋爱结婚。社会背景变量中，与 1961 年以前的出生队列相比，20 世纪 70 年代和 80 年代的出生队列更倾向于恋爱结婚，提高性别比将降低相亲结婚的可能性。

日本的数据部分支持理论假说，以 JGSS 数据的回归结果为例。个人特征变量中，年龄越大，越可能相亲结婚，受教育程度与观念传统程度的系数正负符号、显著性与中国数据的回归结果类似。社会背景变量中，与 1951 年以前的出生队列相比，50 年代、60 年代、70 年代的出生队列更倾向于恋爱结婚。然而，在日本，家庭社会资本对个人选择相亲结婚还是恋爱结婚无显著性影响，其可能的原因是，随着经济发展和家庭模式的改变，父母和兄弟姐妹对个体择偶、婚姻问题的介入逐渐减少。这也可能是中国未来将面临的情况。

上述研究为中日两国大龄未婚男女现象的成因提供了一种解释，即相亲结婚占比下降的同时，并未出现可以替代相亲的配偶搜寻方式，而恋爱机会未能在适婚年龄及时出现，因此催生了大量的大龄未婚男女。本章的主要贡献有四点。第一，社会学领域中，相亲相关研究往往缺乏实证数据验证。本章首次运用中国 CFPS、CGSS 数据和日本 JGSS、JPSC 数据，从个体微观数据中寻找影响相亲结婚的决定性因素，较好地弥补了既有研究的不足。第二，在经济学领域，研究婚姻问题的文献较多，但很少有文献研究相亲结婚。本章运用中日两国微观数据分析相亲结婚的决定因素，极大地扩充了经济学领域婚姻问题的研究题材。第三，本章的实证结果表明，无论在中国还是日本，受教育程度、观念传统程度、社会背景均是影响个体是否选择相亲结婚的显著性因素。随着受教育程度的提高，传统观念淡化以及出生年代的变迁，相亲意愿下降，人们选择相亲结婚的可能性减小，本章的研究为中日两国不断走向新低的相亲结婚占比提供了一种解释。越来越多的单身群体拒绝相亲结婚，但恋爱机会却未能如期出现，这就造成了单身队伍规模不断扩大的结果。第四，本章的研究结论具有一定的政策启示，全民受教育水平的提升是中国教育发展的总目标，也是社会经济发展的必然要求，但这同时也催生了大量的大龄未婚男女，那么，随着人们在学校待的年数增加，如何协助单身男女在校期间告别单身？这就需要有针对性地引导和相应的政策支持，例如学校内部或者跨校组织联谊活动，也可以经由校友会等组织举办校企之间的联谊。

附　录

（1）中国家庭追踪调查（China Family Panel Studies，CFPS）旨在通过跟踪收集个体、家庭、社区三个层次的数据，反映中国社会、经济、人口、教育和健康的变迁，为学术研究和公共政策分析提供数据基础。CFPS 重点关注中国居民的经济与非经济福利，以及包括经济活动、教育成果、家庭关系与家庭动态、人口迁移、健康等在内的诸多研究主题，是一项全国性、大规模、多学科的社会跟踪调查项目。CFPS 样本覆盖 25 个省/市/自治区，目标样本规模为 16000 户，调查对象包含样本家户中的全部家庭成员。CFPS 在 2008 年、2009 年两年在北京、上海、广东三地分别开展了初访与追访的测试调查，并于 2010 年正式开展访问。经 2010 年基线调查界定出来的所有基线家庭成员及其今后的血缘/领养子女将作为 CFPS 的基因成员，成为永久追踪对象。CFPS 调查问卷共有社区问卷、家庭问卷、成人问卷和少儿问卷四种主体问卷类型，并在此基础上不断发展出针对不同性质家庭成员的长问卷、短问卷、代答问卷、电访问卷等多种问卷类型。CFPS 由北京大学中国社会科学调查中心（ISSS）实施。项目采用计算机辅助调查技术开展访问，以满足多样化的设计需求，提高访问效率，保证数据质量。

（2）中国综合社会调查（Chinese General Social Survey，CGSS）始于 2003 年，是中国最早的全国性、综合性、连续性学术调查项目。CGSS 系统、全面地收集社会、社区、家庭、个人多个层次的数据，总结社会变迁的趋势，探讨具有重大科学和现实意义的议题，推动国内科学研究的开放与共享，为国际比较研究提供数据资料，充当多学科的经济与社会数据采集平台。目前，CGSS 数据已成为研究中国社会最主要的数据来源，广泛地应用于科研、教学、政府决策之中。

（3）The Japanese General Social Surveys（JGSS）are designed and carried out by the JGSS Research Center at Osaka University of Commerce（Joint Usage/Research Center for Japanese General Social Surveys accredited by Minister of Education, Culture, Sports, Science and Technology）, in collaboration with the Institute of Social Science at the University of Tokyo. The datasets are distributed by SSJ Data Archive, Institute of Social Science, the University of Tokyo.

（4）The Japanese Panel Study of Consumption（JPSC）is conducted by the Institute for Research on Household Economics. This project employs the panel research method to track the same individuals over multiple periods of time. Cohort A consists of a group of young women aged between 24 and 34 who were selected from across Japan in 1993 for an in-home questionnaire survey. Cohort B, consisting of women aged between 24 and 27, cohort C, consisting of women aged between 24 and 29, cohort D, consisting of women aged between 24 and 28, and cohort E, consisting of women aged between 24 and 28, were added respectively in 1997, 2003, 2008 and 2013. The relatively high response rate of this annual survey has overcome the inherent disadvantages of a panel survey. This study examining the lifestyles of young women takes a looks at a wide spectrum of factors including income, expenditures, savings, work patterns and family relationships. Many of the young women selected as participants in the study are at an age where their similar lifestyle path has branched off. Some may experience significant changes in their family life as they go from graduating school to getting a job, getting married and having children, while others may remain single. The objective of this study is to identify various factors and problems associated with these changes and differences in the lifestyles of the study participants. Such changes and differences include age differences and changes that occur at major turning points in their lives.

本章参考文献

[1] Acock, A. C.. Discovering Structural Equation Modeling Using Stata. TX: Stata Press, 2013.

[2] Adams, B. N.. Themes and Threads of Family Theories: A Brief History. Journal of Comparative Family Studies, 2010, 41(4): 499-505.

[3] Allendorf, K., R. K. Pandian. The Decline of Arranged Marriage? Marital Change and Continuity in India. Population & Development Review, 2016, 42(3): 435-464.

[4] Batabyal, A. A.. On the likelihood of finding the right partner in an arranged marriage. Journal of Socio-Economics, 2001, 30(3): 273-280.

[5] Batabyal, A. A., H. Beladi. Arranged or love marriage? That is the question. Applied Economics Letters, 2002, 9(13): 893-897.

[6] Becker, G. S., K. M. Murphy, J. L. Spenkuch. The manipulation of children's preferences, old age support, and investment in children's human capital. Journal of Labor Economics, 2016, 34(2): 3-30.

[7] Becker, G. S.. A Theory of Marriage: Part I. Journal of Political Economy, 1973, 81 (4): 814-846.

[8] Blood, R.. Love Match and Arranged Marriage. New York: Free Press, 1967.

[9] Brandt, L., H. Li, L. Turner, J. Zou. Are China's "Leftover Women" really leftover? An investigation of marriage market penalties in modern-day China. Working Paper of University of Toronto, 2016.

[10] Fernandez, R., N. Guner, J. Knowles. Love and Money: A Theore-

tical and Empirical Analysis of Household Sorting and Inequality. Quarterly Journal of Economics, 2005, 120 (1): 273-344.

[11] Ghimire, D. J., W. G. Axinn, S. T. Yabiku, A. Thornton. Social change, premarital nonfamily experience, and spouse choice in an arranged marriage society. American Journal of Sociology, 2006, 111(4): 1181-1218.

[12]郭继强，费舒澜，林平．越漂亮，收入越高吗？——兼论相貌与收入的“高跟鞋曲线”．经济学：季刊，2016(1)：147-172.

[13]Huang, F., G. Z. Jin, L. C. Xu. Love, money, and parental goods: Does parental matchmaking matter. NBER working papers, 2016, NO. 22586.

[14] Huang, F., G. Z. Jin, L. C. Xu. Love and Money by Parental Matchmaking: Evidence from Urban Couples in China. American Economic Review, 2012, 102(102): 555-560.

[15] Hwang, J.. Housewife, "gold miss" and equal: the evolution of educated women's role in Asia and the U. S. Journal of Population Economics, 2016 , 29 (2) : 529-570.

[16] Iyengar, S., S. Warburton. The Art of Choosing. Little Brown Book Group, 2010.

[17] Lee, G. R., L. H. Stone. Mate-selection systems and criteria: Variation according to family structure. Journal of Marriage and Family, 1980, 42(2): 319-326.

[18]雷晓燕，许文健，赵耀辉．高攀的婚姻更令人满意吗？婚姻匹配模式及其长远影响．经济学(季刊)，2014(1)：31-50.

[19]林莞娟，赵耀辉．重男轻女降低女性福利吗？离婚与抚养压力．经济学：季刊，2014(1)：135-158.

[20] Loh, C., E. J. Remick. China's skewed sex ratio and the one-child policy. The China Quarterly, 2015, 222(6): 295-319.

[21] Moore, M.. Changing India, wedded to tradition: arranged marriages persist with 90s twists. The Washington Post, 1994.

[22] Murstein, B. I.. Mate Selection in the 1970s. Journal of Marriage & Family, 1980, 42 (4): 777-792.

[23] Retherford, R. D., N. Ogawa. Japan's Baby Bust: Causes, Implications, and Policy Responses//Harris, F. R.. The Baby Bust: Who Will Do the Work? Who Will Pay the Taxes? . MD: Rowman & Littlefield Publishers, 2006.

[24] StataCorp.. Stata structural equation modeling reference manual. Stata Press/StataCorp, 2011.

[25] Schwartz, B.. The Paradox of Choice: Why More is Less. Brilliance Audio, 2014.

[26] Strange, H.. Continuity and change: Patterns of mate selection and marriage ritual in a Malay village. Journal of Marriage and Family , 1976, 38 (3): 56-71.

[27] Thornton, A., T. E. Fricke. Social change and the family: Comparative perspectives from the West, China, and South Asia. Sociological Forum, 1987, 2(4): 746-779.

[28] Tokuhiro, Y.. Marriage in Contemporary Japan. New York: Routledge, 2010.

[29] Tsutsui, J.. The Transitional Phase of Mate Selection in East Asian Countries. International Sociology, 2013, 28(3): 257-276.

[30]吴要武，刘倩．高校扩招对婚姻市场的影响：剩女？剩男？．经济学(季刊)，2014(1)：5-30.

[31] Xu, X., M. K. Whyte. Love Matches and Arranged Matches: A Chinese Replication. Journal of Marriage and the Family, 1990, 52 (3): 709-722.

[32]袁晓燕．众里寻他?! ——一个基于婚姻匹配理论的综述．南方经济，2017(2)：87-101.

[33] Zang, X.. Gender and Ethnic Variation in Arranged Marriages in a Chinese City. Journal of Family Issues, 2007, 29(5): 615-638.

[34]张翼. 单身未婚：剩女和剩男问题分析报告——基于第六次人口普查数据的分析. 甘肃社会科学，2013(4)：50-53.

第四章
相亲与自由恋爱的婚姻质量对比

第三章的研究结果表明，某一个体受教育程度越高、思想观念越传统、出生队列越靠后，其相亲结婚的可能性更小。然而第三章是围绕个体的特征和其配偶搜寻方式的相关关系展开分析的，而没有探究人们为何拒绝相亲结婚？与恋爱结婚相比，相亲结婚真的不幸福吗？这些问题的研究具有重要的应用价值，不仅有助于我们理解愈演愈烈的大龄未婚男女现象，也有利于制定以婚姻为导向的合理政策，对于缓解人口结构问题、提高社会福利和维护社会稳定等方面都具有重要的现实意义。

然而，极少有经济类文献研究相亲结婚和恋爱结婚对婚姻质量的影响是否存在差异。从经济学视角研究婚姻问题的文献一般从性别比、婚姻法、受教育程度、收入不平等等角度展开（Becker，1973；Fernandez et al.，2005）。与本章内容最为接近的文献仅有 2 篇（Huang et al.，2012，2016）。Huang 等（2012）运用中国 1991 年的微观数据 SSCCW（Study of the Status of Contemporary Chinese Women）进行实证分析，结果发现，相对于恋爱式婚姻，相亲式婚姻的夫妻和睦度较低，但夫妻总收入更高，其研究从侧面表明，父母代替子女搜寻潜在结婚对象时，倾向于用物质替代爱情。进一步地，Huang 等（2016）的研究发现，父母介入的婚姻中，妻子更孝顺，生育的子女更多，生育男孩的概率更大，且提供老年照料的可信程度更大，但这些是以牺牲夫妻和睦和妻子收入为代价的，该结论和 Becker 等（2016）的观点相符。然而，上述两篇文献仍然存在一些不足之处，主要表现在：①采用的微观数据是 1991 年的，数据相对陈旧，不能反映中国近年来婚恋观的巨大变化，而且样本量相对较小。②在因变量为离散型变量的情形下，使用的是 OLS 回归，而没有建立二元选择模型以及多元选择模型来验证结果的稳健性。③相亲结婚是如何影响婚姻质量的？上述文献尚未展开机制分析。因此，本书第四章和第五章在充分借鉴既有文献的基础上，从理论和实证两方面展开讨论，试图从婚姻质量的角度，解释大龄未婚男女现象形成的深层原因，并为相关单身人口的政策制定提供新的指引与对策思路。

本章在第三章的基础上，通过比较相亲结婚和恋爱结婚的婚姻质量，进而为人们拒绝相亲结婚提供一种解释。婚姻质量是一个多维度的概念，为了避免选取单一指标导致的主观性结果，本书从三个角度来衡量婚姻质量，分别是婚姻满意度、婚姻稳定性和生活幸福感。本章作为探索性研究的第一步，拟运用婚姻满意度和婚姻稳定性两个指标来衡量婚姻质量，且主要是基于中国微观数据的实证研究。第五章作为本章的深化和延伸，将在本章的基础上，同时对中日两国的微观数据进行相关实证研究和机制分析，并从生活幸福感的角度来衡量婚姻质量。另外，为了验证结果的稳定性，本章采用了多种计量模型。

第一节　纳入婚姻经营成本的理论模型

1. 基本设定

参考 Huang 等（2016）的模型基本框架（简称 HM 模型），我们结合中国实际情况，修改了 HM 模型的部分设定，因而，本章与 HM 模型在假设上有着相同和不同之处。相同之处表现为：①婚姻产出既包括经济（物质）产出也包含情感产出，两者均被纳入效用函数。②配偶搜寻方法分为两大类，即相亲和自由恋爱。

不同之处主要体现为：①婚姻产出函数的投入要素为夫妻双方的特质，而不仅仅是人力资本变量。②情感产出系数由夫妻双方的特质共同决定，而非独立于某一方的特质。③相亲的介绍人是父母及父母相关的第三方，介绍人（媒人）是利他的。④成本函数主要指婚姻经营成本，而非搜寻成本。

2. 自由恋爱的最优匹配对象选择

以个体i的配偶搜寻为例，个体i为任一单身未婚男性(女性)，X_i是代表个体i特质的向量，则其可能的结婚对象j为任一单身未婚女性(男性)，X_j是代表个体j特质的向量。个体特质向量X_i、X_j包括外貌、身体、体重、谈吐、受教育年限、工作能力、社交能力和家境等。个体i的目标效用函数为：

$$U_i = (e + \kappa_i)g(X_i, X_j) - c(e, X_i, X_j) \tag{4.1}$$

其中，$g(X_i, X_j)$为个体i与个体j的婚姻物质产出。参数e为情感产出系数，可理解为匹配度或夫妻恩爱程度，$e \geqslant 0$，情感产出为$e \times g(X_i, X_j)$，它基于一定的物质基础，但e不完全依赖于物质，情感产出由夫妻恩爱程度和物质基础共同决定，若夫妻恩爱程度为0，则无论物质产出有多大，情感产出都为0。参数κ_i为物质分配系数，个体i从婚姻中获得的经济利益不可能超过婚姻的物质总产出，因而$0 \leqslant \kappa_i \leqslant 1$，个体$i$获得的物质产出为$\kappa_i \times g(X_i, X_j)$，其配偶(个体$j$)获得的物质产出为$(1 - \kappa_i) \times g(X_i, X_j)$；$c(e, X_i, X_j)$为婚姻经营成本，该成本为夫妻恩爱程度$e$、个体特质$X_i$、$X_j$的函数。

$$e = \lambda(X_i, X_j) \tag{4.2}$$

(4.2)式表明，情感产出系数为个体特质X_i、X_j的函数，即夫妻恩爱程度由夫妻双方的特质共同决定。与物质产出不同的是，情感产出(情感上的满足感)可看作家庭内部的一种公共物品，且夫妻恩爱带来的情感满足感可超越物质本身带来的满足感，即e的取值可能大于1。夫妻越恩爱，个体i、j获得的情感满足感$\lambda(X_i, X_j) \times g(X_i, X_j)$越大。情感产出需要一定的物质基础，若物质产出$g(X_i, X_j)$等于0，则情感产出也为0。在已知自身特质$X_i$的条件下，个体选择最优匹配对象，将(4.2)式代入(4.1)式，对X_j求导：

$$\frac{\partial U_i}{\partial X_j} = \frac{\partial \lambda}{\partial X_j}\left[g(X_i,X_j) - \frac{\partial c}{\partial e}\right] + (e + \kappa_i)\frac{\partial g}{\partial X_j} - \frac{\partial c}{\partial X_j} \tag{4.3}$$

令(4.3)式为0，可求得个体 i 通过自由恋爱选择的最优匹配对象 j 的特质 X_j^*。若个体 i 与特质为 X_j^* 的对象 j 结婚，则个体 i 获得的物质产出和情感产出分别为 $\kappa_i \times g(X_i, X_j^*)$、$\lambda(X_i, X_j^*) \times g(X_i, X_j^*)$，同时付出的婚姻经营成本为 $c(\lambda(X_i, X_j^*), X_i, X_j^*)$。

3. 相亲的最优匹配对象选择

当父母或第三方帮助个体寻找最优结婚对象时，他们仍然以最大化个体 i 的效用为目标。值得一提的是，夫妻恩爱程度由当事人感知，相亲介绍人对当事人（个体 i、j）的情感产出信息不甚了解，介绍人在缺少情感产出信息的条件下，最优化个体 i 的效用。此时，情感产出系数 e 看作未知的常数，(4.1) 式对 X_j 求导得到：

$$\frac{\partial U_i}{\partial X_j} = (e + \kappa_i)\frac{\partial g}{\partial X_j} - \frac{\partial c}{\partial X_j} \tag{4.4}$$

令(4.4)式为0，可求得相亲的最优匹配对象 j 的特质 X_j^{**}。若个体 i 与特质为 X_j^{**} 的对象 j 结婚，则个体 i 获得的物质产出和情感产出分别为 $\kappa_i \times g(X_i, X_j^{**})$、$\lambda(X_i, X_j^{**}) \times g(X_i, X_j^{**})$，同时付出经营成本为 $c(\lambda(X_i, X_j^{**}), X_i, X_j^{**})$。

4. 自由恋爱还是相亲？

比较(4.3)式和(4.4)式，(4.4)式的RHS仅为(4.3)式的一部分，只有当 $\frac{\partial \lambda}{\partial X_j}\left[g(X_i,X_j) - \frac{\partial c}{\partial e}\right] = 0$ 时，$X_j^* = X_j^{**}$，但通常情况下，(4.4)式的解 X_j^{**} 必然不同于(4.3)式的解 X_j^*（$X_j^* \neq X_j^{**}$）。由此可见，相亲对象不是当事人(个体 i)心目中最理想的结婚对象，这为广大单身年轻人抗拒相亲的行为提供了一种合理化解释。

若个体 i 与特质为 X_j^* 的个体结婚，则个体 i 从婚姻中获得的效用为 U_i^*；若个体 i 与特质为 X_j^{**} 的个体结婚，则个体 i 从婚姻中获得的效用为 U_i^{**}；X_j^* 是在信息完全的条件下求得的最优解，X_j^{**} 是在情感产出信息缺失的条件下求得的效用最大化解（$X_j^* \neq X_j^{**}$），则 $U_i^* \geq U_i^{**}$，即自由恋爱式婚姻的效用大于相亲式婚姻的效用。

进一步地，比较不同配偶搜寻方法的婚姻经营成本。自由恋爱式婚姻的经营成本为 $c(\lambda(X_i, X_j^*), X_i, X_j^*)$，相亲式婚姻的经营成本为 $c(\lambda(X_i, X_j^{**}), X_i, X_j^{**})$，结合(4.1)式可知，若自由恋爱式婚姻的情感产出系数较高或物质产出较高，即使其婚姻的经营成本大于相亲式婚姻，其婚姻的效用也仍然大于相亲式婚姻。换言之，当自由恋爱式婚姻的维系成本更高时，仍然可能满足 $U_i^* \geqslant U_i^{**}$。由此可见，自由恋爱和相亲作为两种不同的配偶搜寻方法，各有利弊，尽管自由恋爱式婚姻的婚姻满意更高，但其婚姻的经营成本高于相亲式婚姻，而过高的婚姻经营成本将增加婚姻解体的风险。因此，自由恋爱对婚姻满意度的正向作用可能被相对较低的婚姻稳定性所抵消，总体来看，相亲结婚和恋爱结婚的幸福感可能并无显著性差异。综上提出以下假说：

假说 4.1：其他条件相同时，相对于相亲式婚姻，自由恋爱式婚姻具有更高的婚姻满意度。

假说 4.2：其他条件相同时，相对于自由恋爱式婚姻，相亲式婚姻具有更高的稳定性。

第二节　实证模型设定与数据说明

一、实证模型设定

（一）基准模型

1. 相亲与婚姻满意度

根据假说 4.1，为验证同等条件下，相亲式婚姻的满意度是否低于恋爱式婚姻，模型设定为：

$$\text{satifa}_i = a_0 + a_1 \text{meet}_i + \gamma_1 X_i + \varepsilon_{1i} \tag{4.5}$$

其中，因变量 satifa_i 表示个体 i 的婚姻满意度，meet_i 为是否相亲的二元变量，若夫妻两人通过相亲认识，则 meet_i 取 1，否则取 0。X_i 为一组影响婚姻满意度的控制变量，ε_{1i} 为扰动项。

根据(4.5)式，我们还不能判断相亲是否降低了婚姻满意度，主要原因有两点。首先，选择相亲的群体与选择恋爱的群体在婚姻市场上的竞争力存在差异，而具有较高竞争力的个体更容易找到合适的结婚对象，其婚姻满意度可能更高。其次，某些个体自身的性格就是“知足常乐”，而另外一些个体对事物的评判标准较高，婚姻满意度作为一种主观评价，不同性格的个体对同样婚姻的满足程度可能不同。为了控制这两方面的原因对婚姻满意度的干扰，本章试图加入婚姻竞争力的代理变量，参考王智波和李长洪(2016)，外貌与婚姻竞争力相关，因此，引入个体的外貌变量作为婚姻竞争力的代理变量。同时，加入工作满意度以控制个体性格上的异质性，相关模型设定为：

$$\text{satifa}_i = b_0 + b_1\text{meet}_i + b_2\text{look}_i + b_3\text{work}_i + \gamma_2 X_i + \varepsilon_{2i} \tag{4.6}$$

其中，look_i 是外貌变量，work_i 表示工作满意度，其他变量的设定与(4.5)式相同。

2. 相亲与婚姻稳定性

根据假说 4.2，为验证相亲式婚姻是否更稳定，设定如下模型：

$$\text{stable}_i = c_0 + c_1\text{meet}_i + \eta_1 Z_i + \mu_{1i} \tag{4.7}$$

其中，因变量 stable_i 表示个体 i 的婚姻稳定性，Z_i 为一组影响婚姻稳定性的控制变量，μ_{1i} 表示扰动项，其他变量的设定与(4.5)式相同。

根据(4.7)式，仍不能判断相亲是否降低了婚姻满意度，这主要出于两点考虑。首先，婚姻竞争力较强的个体离婚后更容易找到理想的配偶，而这种婚姻竞争力的差异将影响个体的离婚决策。其次，性格差异使然，一些个体倾向于怀疑他人，因而婚姻中小问题容易转化为大问题，进而增加了婚姻解体的风险。为了克服这两方面的原因对婚姻稳定性的干扰，我们仍采用外貌变量作为婚姻竞争力的代理变量，同时，加入对陌生人的信任程度变量以控制个体性格上的异质性。设定的识别模型如下：

$$\text{stable}_i = d_0 + d_1\text{meet}_i + d_2\text{look}_i + d_3\text{trust}_i + \eta_2 Z_i + \mu_{2i} \tag{4.8}$$

其中，trust_i 为信任度，其他变量的设定与(4.7)式相同。

（二）样本选择性偏差

需要注意的是，(4.5)式和(4.6)式只能估计在婚样本的婚姻满意度，离婚者或未婚者的婚姻满意度无法观测到。同样地，受到因变量定义的限制，(4.7)式和(4.8)式仅能估计离婚者和在婚者的婚姻稳定性，未婚和丧偶的受访人则被排除在样本观测范围外。因此，上文的估计可能存在样本选择偏差(Heckman，1979)。由于婚姻满意度是有序多分类变量，是否离婚为二元变量，而传统的Heckman两阶段模型的第二阶段为OLS估计，因此，不宜采用传统的Heckman模型来纠正本章的样本选择性偏差。

1. Heckoprobit 模型

针对样本一，我们建立Heckoprobit模型(De Luca和Perotti，2011)。首先，定义选择方程如下：

$$\text{marriage}_i^* = f_0 + f_1\text{jobtype}_i + \gamma_3 \bar{Z}_i + v_{1i} \tag{4.9}$$

$$\text{marriage}_i = (\text{marriage}_i^* > 0) = (\bar{Z}\lambda_1 + v_{1i} > 0) \tag{4.10}$$

其中，潜变量 marriage_i^* 表示受访者的婚姻状态，若 $\text{marriage}_i^* > 0$，则 marriage_i 取值为1，表示受访者处于在婚状态，否则，marriage_i 取值为0，表示受访者处于未婚、离婚或丧偶状态。考虑到模型的可识别性，我们加入工作类型变量 jobtype_i，jobtype_i 仅作为影响婚姻状态的识别变量，而不出现在Heckoprobit模型的第二阶段方程中，即属于排他性变量，这种设置可避免模型的有效识别完全依赖于选择方程的非线性性质。本章对工作类型进行分类处理，按照“无工作”“农业生产”“自雇”“农业打工”“受雇”进行分组，将无工作的样本设为参照组。$\bar{Z}_i$ 是一组影响个体婚姻状态的控制变量。v_{1i} 服从二元正态分布，$v_{1i} \sim N(0, 1)$。

其次，设 $\text{satf}_i^* = a_0 + a_1\text{meet}_i + \gamma_1 X_i + \varepsilon_{1i}$，潜变量 satf_i^* 表示婚姻满意度，设定选择规则为：

$$\text{satf}_i = \begin{cases} 1, & \text{若 } r_0 < \text{satf}_i^* \leqslant r_1 \\ 2, & \text{若 } r_1 < \text{satf}_i^* \leqslant r_2 \\ 3, & \text{若 } r_2 < \text{satf}_i^* \leqslant r_3 \\ 4, & \text{若 } r_3 < \text{satf}_i^* \leqslant r_4 \\ 5, & \text{若 } r_4 < \text{satf}_i^* \leqslant r_5 \end{cases} \tag{4.11}$$

其中，r_1、r_2、r_3、r_4 为实际切点，r_0 趋于无穷小，r_5 趋于无穷大。satf_i 表示受访人对自身婚姻满意度的评分，从1到5表示婚姻满意程度依次提高。第二阶段的方程定义为：

$$\text{satf}_i = \sum_{h=1}^{5} v_h 1(r_{h-1} \leqslant X\beta_1 + \varepsilon_{1i} \leqslant r_h) \tag{4.12}$$

其中，v_h 是实际观测到的值，$v_1 < v_2 < v_3 < v_4 < v_5$。$\varepsilon_{1i}$ 服从二元正态分布，$\varepsilon_{1i} \sim N(0, 1)$。设 ρ_1 是误差项 ε_{1i} 和 v_{1i} 的相关系数。根据上述设定，定义 $A_i = \bar{Z}\lambda_1 + v_{1i}$，$B_i = X\beta_1 + \varepsilon_{1i}$，则求得相应的极大似然函数如下：

$$\ln L_1 = \sum_{i \notin S_1} \ln\{\psi(-A_i)\} + \sum_{h=1}^{5} \sum_{i \in S_1}^{y_i = v_h} \ln\{\psi_1(A_i, r_h - B_i, -\rho_1) - \psi_1(A_i, r_{h-1} - B_i, -\rho_1)\}$$

其中，S_1 是婚姻满意度可被观测到的所有样本集合，$\psi_1()$ 是二元正态分布累积函数，$\psi()$ 是标准累积正态分布函数。

2. Heckprobit 模型

针对样本二，本章建立 Heckprobit 模型（Van de Ven 和 Van Praag，1981），具体设定如下：

$$\text{marry}_i^* = g_0 + g_1 \text{jobtype}_i + \eta_3 \bar{Z}_i + v_{2i} \tag{4.13}$$

$$\text{marry}_i = (\text{marry}_i^* > 0) = (\bar{Z}\lambda_2 + v_{2i} > 0) \tag{4.14}$$

$$\text{divorce}_i^* = c_0 + c_1 \text{meet}_i + \eta_1 Z_i + \mu_{1i} \tag{4.15}$$

$$\text{divorce}_i = (\text{divorce}_i^* > 0) = (Z\beta_2 + \mu_{1i} > 0) \tag{4.16}$$

$$\mu_{1i} \sim N(0, 1);\ v_{2i} \sim N(0, 1);\ \text{corr}(\mu_{1i}, v_{2i}) = \rho_2$$

其中，marry_i^* 是潜变量，表示受访人的婚姻经历，当 $\text{marry}_i^* > 0$ 时，

虚拟变量 $\text{marry}_i = 1$，表示受访人的婚姻状况为在婚或者离婚，婚姻稳定性相关信息可观测从而出现在样本二。否则，$\text{marry}_i = 0$，婚姻稳定性相关信息无法观测。本章认为，工作类型不仅影响婚姻状态，也是影响婚经历的重要变量，因此，我们仍将 jobtype_i 作为选择方程的识别变量。$\bar{Z}_i$ 是一组影响个体是否具有婚姻经历的控制变量。divorce_i^* 表示是否离婚的潜变量，当 $\text{divorce}_i^* > 0$ 时，divorce_i 取值为1，表示离婚，否则，取值为0，表示在观测期内尚未离婚。其他变量的设定和(4.7)式相同。根据(4.13)—(4.16)式，可求得相应的极大似然函数为：

$$\ln L_2 = \sum_{i \in S_2}^{\text{divorce}_i = 1} \ln\left\{\phi_1(Z\beta_2 + \mu_{1i}, \bar{Z}\lambda_2 + v_{2i}, \rho_2)\right\} + \sum_{i \in S_2}^{\text{divorce}_i = 0} \ln\left\{\phi_1(-Z\beta_2 + \mu_{1i}, \bar{Z}\lambda_2 + v_{2i}, -\rho_2)\right\} + \sum_{i \notin S_2} \ln\left\{1 - \phi(\bar{Z}\lambda_2 + v_{2i})\right\}$$

其中，S_2 表示婚姻稳定性可被观测到的所有样本集合，$\phi_1()$ 是二元正态分布累积函数，ϕ 是标准累积正态分布函数。

二、数据说明

本章的数据来自中国家庭追踪调查(简称 CFPS)2014 年的成人调查问卷。CFPS 是北京大学中国社会科学调查中心实施的一项全国性大规模社会跟踪调查项目，它采用多阶段分层(PPS)抽样方法。CFPS 数据基本满足了本章的数据需求，这主要体现在：①2014 年的问卷首次设计了“婚姻满意度”的提问；②调查了受访者与当前配偶的认识方式；③包含受访者的外貌信息，但其他社会调查(例如 CHNS)往往缺乏外貌数据。变量定义如下。

1. 因变量

①CFPS 数据将婚姻满意度分为 5 个等级，“1”表示非常不满意，“2”表示不满意，“3”表示一般满意，“4”表示满意，“5”表示非常满意。②本章用是否离婚作为婚姻稳定性的主要衡量指标，若受访者为离婚状态，则

取值为 1，否则，取值为 0。③为进一步检验回归结果的稳健性，我们还替换了因变量的衡量指标，用“受访人对自家生活的满意程度”作为婚姻满意度的代理变量，CFPS 将自家生活满意度分为 5 个等级，从 1 到 5 代表的满意度依次上升。同时，用婚姻持续时间来衡量婚姻稳定性，对于离婚者，婚姻持续时间为离婚年份减去结婚年份；对于在婚者，婚姻持续时间为调查年份(2014)减去结婚年份，但无法获知他们之后是否离婚，何时离婚，因而存在数据删失问题。

2. 核心自变量

本章通过夫妻双方的认识方式来定义相亲变量。CFPS 就“与配偶/同伴如何认识”进行了提问，回答选项有 10 个，分别是：“1. 在学校自己认识”“2. 在工作场所自己认识”“3. 在居住地自己认识”“4. 在其他地方自己认识”“5. 经亲戚介绍认识”“6. 经朋友介绍认识”“7. 经婚介介绍认识”“8. 其他”“9. 父母包办”“10. 经过互联网认识”。选择前 4 项的受访者被视为通过自由恋爱认识配偶(参照组)，其相应的 $meet_i$ 赋值为 0；选择第 5、6、7 项的受访者被视为通过相亲认识配偶，其相应的 $meet_i$ 赋值为 1。由于“父母包办”“网恋”不属于本章的讨论范围，且选择第 8—10 项的受访人相对较少，过小的样本量可能会造成估计偏差，我们删除了选择这 3 项的样本。

3. 主要控制变量

外貌、工作满意度和信任度是主要的控制变量。CFPS 访员对受访者的外貌进行了评价，外貌共分为 7 档，从 1 到 7 表示最丑到最美。CFPS 将工作满意度分为 5 档，从 1 到 5 表示“非常不满意”到“非常满意”；信任度用“对陌生人的信任度”来表示，共有 11 档，“0”代表的信任度最低，“10”代表的信任度最高。

4. 其他控制变量

(1)基本变量。城市和农村在经济发展和生活观念等方面存在差异(郭志刚，2004)，为控制城乡因素的干扰，本章加入城乡类型的二元变量，若为城市，则设为 1，若为农村，则设为 0。反映个体特征的向量包括：年龄，年龄的平方项和受教育年限。考虑到性别的影响，加入性别的二元变量，若为女性，设为1，否则，设为0。

(2)婚育相关变量。①民间流传着“女大三抱金砖”的说法，但传统的年龄匹配模式仍是“男大女小”，为避免夫妻年龄差距对实证结果的干扰，本章参考李建新和王小龙(2014)的做法，对年龄差距进行分类处理，按照“年龄差距在1岁及1岁以内”“男比女大1岁至3岁”“男比女大4岁至6岁”“男比女大7岁至9岁”，“男比女大10岁及10岁以上”“女比男大1岁至3岁”“女比男大4岁至6岁”“女比男大7岁至9岁”，“女比男大10岁及10岁以上”进行分组，其中，年龄差距在1岁及1岁以内的样本为参照组。②根据家庭生命周期理论，我们对婚龄设置无序分类变量，分组为“婚龄小于5年”“婚龄在5年至20年”“婚龄在21年至28年”“婚龄超过28年”，其中，“婚龄小于5年”的样本为参照组。③由许琪等(2015)的研究可知，子女数影响了离婚决策。本章从子女数、理想子女数与子女数的差值两个维度来衡量子女相关变量。此外，我们用“每周和家人吃饭(晚饭)的次数”来衡量夫妻相处时间。

(3)社会因素。参考彭大松和陈友华(2016)，不同时代出生的人对待婚姻和家庭的态度存在差异，我们设置了时代变量，若受访者在1980年以前出生，则赋值为0，若受访者在1980年及1980年以后出生，则赋值为1。考虑到社会地位可能会影响个体认知，本章加入了社会地位变量，CFPS将社会地位分为5档，“1”代表最低，“5”代表最高。

第三节　婚姻质量的实证结果

一、相亲是否影响婚姻质量：基准模型

(一)基本估计方法

(1)以婚姻满意度为因变量的样本称为样本一，以婚姻稳定性为因变

量的样本称为样本二。对于样本一，由于婚姻满意度(主要衡量指标)及自家生活满意度均为有序离散变量，本章将采用有序 Logit 和有序 Probit 估计。

(2)对于样本二，由于多数受访者在观察期内是在婚状态，我们无法观测到这些受访者的实际婚姻持续时间，即因变量存在数据删失问题，因而，比较适合采用事件史分析法。①本章以是否离婚作为婚姻稳定性的基本指标，建立离散时间的 Logistic 模型，如果受访者是在婚状态，则其婚姻持续时间的数据是删失的，因变量取值为 0，如果受访者是离婚状态，则其婚姻持续时间的数据是完整的，因变量取值为 1。②以婚姻持续时间为因变量的稳健性检验中，本章将运用事件史分析法中较为常用的 Cox 比例风险模型进行估计。Cox 模型能解决数据删失问题，且不依赖于具体的风险分布假设，避免了异方差问题，回归结果更准确。需要注意的是，Cox 模型的时间变量属于连续型，该模型成立的前提是比例风险假定；而 Logistic 模型的时间变量属于离散型，它可以克服 Cox 模型的缺陷(陈勇兵等，2012)，同时也能解决数据删失问题，因此，本章以离散时间 Logistic 模型的结果为准。

(二)相亲对婚姻满意度的影响

1. 基本检验结果

表 4.1 列 1 和列 2 报告了(4.5)式的有序 Probit 模型回归结果，列 4 和列 5 报告了(4.5)式的有序 Logit 模型回归结果。观测可知，不论在有序 Probit 模型还是有序 Logit 模型中，相亲的系数均显著为负，说明相对于恋爱式婚姻，相亲结婚的婚姻满意度更高。在控制夫妻年龄差距和婚龄变量后，相亲的系数仍然显著为负，说明回归结果稳健。列 3 和列 6 分别报告了(4.6)式的有序 Probit 模型、有序 Logit 模型的估计结果，在控制工作满意度、外貌等变量后，相亲的系数符号、显著性未发生变化，说明考虑到个体的异质性影响后，相亲对婚姻满意度仍具有显著的负向影响。

表 4.1　　相亲对婚姻满意度的影响

因变量	婚姻满意度					
模型类型	有序 Probit			有序 Logit		
列编号	(1)	(2)	(3)	(4)	(5)	(6)
相亲	−0.0455*	−0.0480**	−0.0693*	−0.0756*	−0.0802*	−0.1172*
	(−1.89)	(−1.99)	(−1.81)	(−1.84)	(−1.95)	(−1.77)
工作满意度			0.1325***			0.2415***
			(10.72)			(11.43)
外貌			0.0486***			0.0846***
			(4.86)			(4.90)
女性	−0.2812***	−0.2888***	−0.3418***	−0.4870***	−0.5039***	−0.6068***
	(−14.24)	(−12.41)	(−7.13)	(−14.42)	(−12.60)	(−7.39)
健康自评	0.1241***	0.1116***	0.1059***	0.2107***	0.1895***	0.1798***
	(14.76)	(13.15)	(11.08)	(14.72)	(13.09)	(10.97)
受教育年限	−0.0161***	−0.0180***	−0.0193***	−0.0323***	−0.0361***	−0.0396***
	(−6.38)	(−7.08)	(−6.63)	(−7.46)	(−8.21)	(−7.87)
子女数	0.0222	0.0159	0.0082	0.0442*	0.0353	0.0197
	(1.43)	(1.02)	(0.47)	(1.65)	(1.32)	(0.65)
和家人吃饭次数	0.0507***	0.0509***	0.0521***	0.0816***	0.0823***	0.0846***
	(9.09)	(9.10)	(8.64)	(8.30)	(8.33)	(7.96)
社会地位		0.1193***	0.1043***		0.2112***	0.1871***
		(11.66)	(8.97)		(12.29)	(9.55)
夫妻年龄差距	否	是	是	否	是	是
婚龄	否	是	是	否	是	是
省份固定效应	是	是	是	是	是	是
观测值	17203	17198	13788	17203	17198	13788

注：括号内( )为 t 统计量，***、**、* 分别代表在 1%、5%、10%水平上显著。其他控制变量包括年龄、年龄的平方项、相亲与性别(女性=1)的交互项、理想子女数与实际子女数的差值、时代变量和城乡类型。

控制变量的回归结果和预期基本一致：①其他条件相同时，工作满意度越高，婚姻满意度也越高；长相越漂亮，婚姻满意度越高。②女性的回归系数显著为负，说明同等条件下，女性的婚姻满意度低于男性。③自评健康得分、和家人吃饭次数、社会地位与婚姻满意度成正相关关系，受教育年限与婚姻满意度成负相关关系。

2. 稳健性检验

为了检验结果的稳健性，本章以自家生活满意度作为替换指标进行估计，如表 4. 2 所示。两列相亲的系数均显著为负，这再次证明了估计结果的稳健性。

表 4. 2　　**相亲对婚姻满意度的影响——稳健性检验**

模型类型	有序 Probit	有序 Logit
相亲	-0. 0383*	-0. 0638*
	(-1. 81)	(-1. 78)
观测值	17177	17177

注：括号内( )为 t 统计量，***、**、* 分别代表在 1%、5%、10%水平上显著(下表同)。其他变量的设定和表 4. 1 的列 1 相同。

(三)相亲对婚姻稳定性的影响

1. 基本检验结果

表 4. 3 列 1 和列 2 报告了(4. 7)式离散时间 Logistic 模型的估计结果。观察可知，相亲的回归系数都显著为负，说明在控制健康自评、受教育年限、子女数等变量后，相亲式婚姻的离婚风险小于自由恋爱式婚姻。以列 2 为例，相亲的回归系数为-0. 6826，说明相亲结婚夫妻的离婚风险仅为恋爱结婚的 50. 53%($e^{-0.6826}$)，换言之，相亲式婚姻的解体风险比恋爱式婚姻的解体风险低 40%，相亲式婚姻更稳定。其可能的原因是，相亲的介绍人多为父母或亲戚，他们通常都具备婚姻经验，因而较擅长判断相亲对象是否适合结婚。

表 4.3　　　　相亲对婚姻稳定性的影响

因变量	是否离婚(是=1)			
模型类型	离散时间 Logistic 模型			
列编号	(1)	(2)	(3)	(4)
相亲	-0.7292***	-0.6826***	-0.6788***	-0.6511**
	(-3.30)	(-3.28)	(-3.24)	(-2.52)
信任度			-0.0568	-0.0568
			(-0.72)	(-0.72)
外貌			-0.1271	-0.1270
			(-1.18)	(-1.17)
相亲×女性				-0.0570
				(-0.15)
女性	-0.1104	0.0867	0.0561	0.0907
	(-0.58)	(0.31)	(0.21)	(0.26)
健康自评	-0.1466	-0.0871	-0.0792	-0.0796
	(-1.60)	(-0.94)	(-0.85)	(-0.85)
受教育年限	-0.0280	-0.0083	-0.0017	-0.0018
	(-0.89)	(-0.23)	(-0.05)	(-0.05)
子女数	-1.1507***	-1.0892***	-1.0770***	-1.0767***
	(-3.42)	(-3.44)	(-3.42)	(-3.41)
和家人吃饭频率	-0.2034***	-0.2017***	-0.2037***	-0.2039***
	(-5.62)	(-5.39)	(-5.36)	(-5.37)
社会地位		-0.3889***	-0.3687***	-0.3690***
		(-2.86)	(-2.60)	(-2.61)
夫妻年龄差距	否	是	是	是
省份固定效应	是	是	是	是
观测值	17311	17258	17205	17205

注：其他控制变量包括年龄、年龄的平方项、理想子女数与实际子女数的差值、时代变量和城乡类型。

表 4. 3 列 3 和列 4 报告了(4. 8)式离散时间 Logistic 模型的回归结果。在加入信任度和外貌等变量后，相亲的回归系数仍显著为负。就列 3 而言，在排除个体差异的影响后，相亲式婚姻的离婚风险仅为恋爱式婚姻的 50. 72%($e^{-0.6788}$)，这和列 2 的结果非常接近，说明无论是否控制相亲、信任度等变量，相亲结婚的离婚风险均只有恋爱结婚的一半左右。

控制变量中，外貌的回归系数均不显著，说明长相较好的人和长相较差的人在选择是否离婚时，未表现出明显的差异，该结论和现实相符。能否解决婚姻经营中出现问题与外貌无关，越漂亮的人不一定越擅长经营婚姻，高颜值不代表低离婚率。信任度的估计系数均不显著，性格是否多疑也不是婚姻解体的决定性因素。子女数的系数均显著为负，说明子女数越高，离婚风险越低。和家人吃饭频率越高，婚姻解体风险越低，一个可能的原因是，经常和家人一起吃饭有利于夫妻感情的经营和维系。自评社会地位越高，离婚的概率越低，其可能的原因是，在中国社会，“离婚史”不利于社会地位的提高。此外，性别、健康自评、受教育年限与离婚风险无统计上的相关性。

2. 稳健性检验

表 4. 4 报告了(4. 7)式 Cox 比例风险模型的估计结果，为了方便分析，各列控制变量的设定和表 4. 3 完全一致。观察可知，各列相亲的回归系数都显著为负，说明在控制健康自评、受教育年限、子女数等变量后，相亲式婚姻的离婚风险小于自由恋爱式婚姻。列 3 和列 4 相应地报告了以婚姻持续时间为因变量的 Cox 比例风险模型的估计结果，在同时控制信任度和外貌变量后，相亲的回归系数仍为负，说明相亲式婚姻的解体风险显著低于恋爱式婚姻，这和 Logistic 模型的结论一致，回归结果较为稳健。据此认为，相亲确实降低了婚姻解体风险，进而提高了婚姻稳定性。

表 4.4　　相亲对婚姻稳定性的影响——稳健性检验

因变量	婚姻持续时间			
模型类型	Cox 比例风险模型			
列编号	(1)	(2)	(3)	(4)
相亲	-0.8138***	-0.7947***	-0.7941***	-0.7450**
	(-2.79)	(-2.79)	(-2.77)	(-2.10)
信任度			-0.0262	-0.0259
			(-0.29)	(-0.29)
外貌			-0.0517	-0.0511
			(-0.40)	(-0.39)
相亲×女性				-0.0962
				(-0.18)
观测值	17269	17216	17163	17163

注：各列其他变量的设定和表 4.3 完全一致。

二、相亲是否影响婚姻质量：考虑样本选择偏差

表 4.5 是 Heckoprobit 模型的回归结果，模型 2 在模型 1 的基础上，加入工作满意度、外貌变量，但相亲的系数值波动非常小、显著性也未发生改变，说明相亲的估计结果较为稳健。在模型 1 和模型 2 中，相亲的系数均显著为负，说明纠正了样本一的选择性偏差后，相亲对婚姻满意度仍具有负向影响。模型 1 的 Wald 检验 P 值远大于 0.05，说明未通过 5%的显著水平检验，模型 2 的 Wald 检验 P 值远大于 0.10，据此认为，样本一基本上不存在样本选择性偏差。

表 4.5　　Heckoprobit 模型的估计结果

模型编号	Heckoprobit 模型			
	(1)		(2)	
	选择方程	数量方程	选择方程	数量方程
因变量	是否结婚	婚姻满意度	是否结婚	婚姻满意度
相亲		-0.0465*		-0.0463*
		(-1.91)		(-1.67)
工作满意度				0.1324***
				(10.86)
信任				
外貌				0.0486***
				(4.94)
工作类型				
农业生产	0.4828***		8.0580	
	(10.10)		(0.02)	
自雇	0.1351*		7.8713	
	(1.86)		(0.02)	
农业打工	0.2986*		7.9708	
	(1.91)		(0.02)	
受雇	0.0862		7.8451	
	(1.57)		(0.02)	
婚龄	否	是	否	是
Wald 检验 *P* 值	0.1000		0.6311	
观测值	17988	17988	14578	14578

注：各列均控制省份固定效应，控制变量还包括女性、健康自评、受教育年限、子女数、和家人吃饭次数、社会地位、年龄、年龄的平方项、夫妻年龄差距、理想子女数与实际子女数的差值、时代变量和城乡类型。

表 4.6 是 Heckprobit 模型的回归结果。观察可知，无论是否控制信任度、外貌变量，相亲的系数均在 1%统计水平上显著为负，说明在纠正样

本二的选择性偏差后，相亲仍显著降低了离婚风险。模型 1 和模型 2 的 Wald 检验 P 值均远大于 0. 10，因此，无法拒绝原假设“ H_0 : $\rho_2 = 0$”，样本二不存在样本选择性偏差。

表 4. 6　　**Heckoprobit 模型的估计结果**

模型编号	Heckoprobit 模型			
	(1)		(2)	
	选择方程	数量方程	选择方程	数量方程
因变量	婚姻经历	是否离婚	婚姻经历	是否离婚
相亲		-0.2901***		-0.2929***
		(-3.46)		(-3.48)
工作满意度				
信任				-0.0197
				(-0.94)
外貌				-0.0540
				(-1.43)
工作类型				
农业生产	0.3961***		0.3968***	
	(7.75)		(7.76)	
自雇	0.2074**		0.2071**	
	(2.27)		(2.26)	
农业打工	0.1036		0.1021	
	(0.62)		(0.61)	
受雇	0.1461**		0.1463**	
	(2.18)		(2.18)	
婚龄	否	否	否	否
Wald 检验 P 值	0.4634		0.4613	
观测值	17917	17917	17864	17864

注：各列均控制省份固定效应，控制变量还包括女性、健康自评、受教育年限、子女数、和家人吃饭次数、社会地位、年龄、年龄的平方项、夫妻年龄差距、理想子女数与实际子女数的差值、时代变量和城乡类型。

三、相亲是否影响婚姻质量：考虑相亲变量的内生性

(一)构建工具变量

需要注意的是，由于工作满意度、信任度和外貌变量均来自主观感受，且CFPS的外貌数据存在较大测量误差(郭继强等，2016)，(4.6)式加入工作满意度及外貌变量不一定能完全克服相亲的内生性问题。同理，(4.8)式通过加入信任度和外貌变量也不能真正解决相亲的内生性。

根据奥地利心理学家弗洛伊德提出过著名的“父母偶像论”，即人们在择偶时会选择和自己父母品性相似的人。从外在的相貌到内在的精神气质，子女在很大程度上继承了父母。家庭教育和潜移默化的人格影响直接塑造了子女最初的人生观、价值观和世界观。因此，本章将运用父母的婚恋信息，构建如下两种工具变量。

首先，用“受访人的父母是否通过相亲认识对方”作为相亲的第一种工具变量。一般而言，父母是否相亲结婚将影响子女的相亲决策，而父母是否相亲结婚对子女的婚姻质量(包括婚姻满意度、婚姻稳定性)不具有显著影响。因此，可初步认为，父母是否相亲结婚是有效的工具变量。将个人编号、父亲编号、母亲编号和相亲变量进行配对，可获取父母是否相亲结婚的数据。

其次，考虑到年龄相仿的个体在相亲决策上表现出一定的趋同性，这里对年龄进行分组处理，按照年龄不超过25岁、26~30岁、31~35岁、36~40岁、41~45岁、46~50岁、51~55岁、56~60岁、61~70岁、70岁以上的划分标准分组。进一步地，再按照受访人所在区县的城乡类型分组，计算区县城市层面、区县农村层面的各年龄组除受访人本人外的相亲变量均值。例如若受访人所属城乡类型为城市，年龄在26~30岁，则计算受访人所在区县的城市样本中除了本人之外的所有26~30岁群体的相亲变量均值。然而，采用区县-城乡层面除本人外的组内均值作为工具变量的方法虽可解决个体层面的遗漏变量问题，但并不是解决双向因果关系的有

效方法(Gormley 和 Matsa，2016；Huang 等，2016)，因此，本章选取父母相亲与区县-城乡层面本人所处年龄段的组内(本人除外)相亲均值的交互项作为第二种工具变量。

(二)CMP 估计法

针对样本一，前文采用有序 Logit 模型和有序 Probit 模型估计相亲对婚姻满意度的影响，但从技术可行角度来看，不能直接对排序模型使用工具变量法。针对样本二，前文采用离散时间的 Logistic 模型和 Cox 比例风险模型估计相亲对婚姻解体风险的影响。然而，对这两类模型均无法采用工具变量法，针对包含内生变量的二元选择模型，可采用 IV-Probit 模型进行估计。本章的内生变量相亲是二元变量，而 IV-Probit 只适用于内生变量为连续型变量的 Probit 模型。因此，为克服相亲的内生性问题，本章将采用前文的两种工具变量，借鉴条件混合过程(Conditional Mixed Process，CMP)估计法进行回归分析。参考 Roodman（2011），对于包含内生变量的有序 Probit 模型、有序 Probit 模型，将工具变量和 CMP 估计法相结合，可较好地解决模型的内生性问题。以样本一为例，运用 CMP 估计法需同时估计两个方程，第一个方程估计相亲对婚姻满意度的影响，即前文的(4.5)式，第二个方程以相亲为因变量，以工具变量为核心自变量，并加入第一个方程中除相亲外的所有其他自变量。

(三)估计结果分析

1. 基于样本一的 CMP 估计结果分析

表 4.7 报告了以婚姻满意度为因变量的 CMP 估计结果。从相亲的估计系数来看，无论以父母相亲为工具变量，还是交互项为工具变量，相亲的系数均显著为负，说明在控制相亲的内生性后，相亲对婚姻满意度仍具有负向影响。列 2 在列 1 的基础上加入工作类型变量，列 4 在列 3 的基础上加入工作类型变量，但相亲的系数符号均未发生变化，说明回归结果较为稳健。此外，考虑相亲的内生性后，控制变量的回归结果也和表 4.1 基本一致。

表 4.7 **相亲对婚姻满意度的影响——基于样本一的 CMP 估计结果**

编号	条件混合过程(CMP)估计法							
	(1)		(2)		(3)		(4)	
	cmp_oprobit	cmp_probit	cmp_oprobit	cmp_probit	cmp_oprobit	cmp_probit	cmp_oprobit	cmp_probit
因变量	婚姻满意度	相亲	婚姻满意度	相亲	婚姻满意度	相亲	婚姻满意度	相亲
相亲	-0.0522**		-0.0483*		-0.0507*		-0.0467*	
	(-2.00)		(-1.85)		(-1.94)		(-1.79)	
父母相亲						0.4470***		0.4597***
						(5.28)		(5.40)
父母相亲×区县段相亲		0.7947***		0.8088***				
		(7.93)		(8.02)				
女性	-0.2893***	0.1544	-0.2860***	0.1802*	-0.2893***	0.1495	-0.2860***	0.1757*
	(-12.26)	(1.55)	(-11.97)	(1.77)	(-12.26)	(1.55)	(-11.97)	(1.78)
健康自评	0.1114***	0.0445	0.1113***	0.0351	0.1114***	0.0327	0.1113***	0.0222
	(13.39)	(1.32)	(13.35)	(1.03)	(13.39)	(0.99)	(13.35)	(0.67)

续表

编号	条件混合过程(CMP)估计法							
	(1)		(2)		(3)		(4)	
	cmp_oprobit	cmp_probit	cmp_oprobit	cmp_probit	cmp_oprobit	cmp_probit	cmp_oprobit	cmp_probit
因变量	婚姻满意度	相亲	婚姻满意度	相亲	婚姻满意度	相亲	婚姻满意度	相亲
受教育年限	−0.0179***	−0.0295***	−0.0194***	−0.0266**	−0.0179***	−0.0293***	−0.0194***	−0.0265***
	(−7.05)	(−2.89)	(−7.47)	(−2.56)	(−7.04)	(−2.93)	(−7.47)	(−2.60)
子女数	0.0147	0.0108	0.0169	−0.0093	0.0147	0.0270	0.0169	0.0064
	(0.94)	(0.17)	(1.08)	(−0.14)	(0.94)	(0.43)	(1.08)	(0.10)
和家人吃饭次数	0.0521***	0.0284	0.0538***	0.0215	0.0521***	0.0270	0.0538***	0.0202
	(9.50)	(1.35)	(9.70)	(1.00)	(9.50)	(1.31)	(9.70)	(0.95)
社会地位	0.1199***	−0.0779**	0.1213***	−0.0772**	0.1199***	−0.0746**	0.1212***	−0.0758**
	(12.05)	(−2.01)	(12.16)	(−1.97)	(12.05)	(−1.97)	(12.16)	(−1.98)
工作类型	否	否	是	是	否	否	是	是
观测值	16929	16929	16929	16929	16930	16930	16930	16930

注:各列均控制省份固定效应,控制变量还包括夫妻年龄差距、年龄、年龄的平方项、理想子女数与实际子女数的差值、时代变量和城乡类型。

表 4.7 中，父母相亲对受访人相亲的影响系数显著为正，交互项工具变量与相亲正相关，且至少在 1%统计水平上显著，说明父母相亲、父母相亲与区县-城乡-分年龄段相亲均值的交互项都符合工具变量的基本使用条件。为进一步检验工具变量的有效性，本章参考现有文献做法(Chyi 和 Mao，2012)，借用线性模型的弱工具变量检验方法，对表 4.7 的回归 1—回归 4 进行检验，结果如表 4.8 所示。根据表 4.8，各列 *F* 统计量均大于 10，且至少在 1%统计水平上显著。同时，名义显著性水平为 5%的 Wald 检验结果显示，最小特征值统计量远大于 10%的临界值。据此，我们有充足理由认为不存在弱工具变量。

根据表 4.7，我们只能判断相亲对婚姻满意度的影响方向，表 4.9 报告了表 4.7 回归 1—回归 4 的相应边际效应。从表 4.9 可知，非常满意的系数显著为负，说明相亲式婚姻的满意程度为非常满意的可能性显著低于自由恋爱式婚姻的满意度，即恋爱结婚的夫妻更有可能获得最高水平的婚姻满意度。

表 4.8　　弱工具变量检验

回归编号	(1)	(2)	(3)	(4)
F 统计量	63.2291***	62.9733***	25.1748***	24.9882***
最小特征值统计量	60.7588	60.6936	27.7004	27.5532
10%临界值	16.38	16.38	16.38	16.38
15%临界值	8.96	8.96	8.96	8.96

2. 基于样本二的 CMP 估计结果分析

表 4.10 报告了以是否离婚为因变量的 CMP 估计结果。回归 1 和回归 2

选取交互项为工具变量，回归 3 和回归 4 选取父母相亲为工具变量，且回归 2 和回归 4 加入了工作类型变量，但回归 1—回归 4 中，相亲的系数均显著为负，说明在克服相亲的内生性问题后，相亲结婚的离婚风险仍然显著低于恋爱结婚，相亲提高了婚姻稳定性。控制变量的显著性、正负符号和表 4.3 一致，这从侧面佐证了回归结果的稳健性。

表 4.9　　**基于 CMP 估计结果的边际效应**

相亲对婚姻满意度的边际效应：dy/dx				
回归编号	(1)	(2)	(3)	(4)
非常不满意	0.002585**	0.002390*	0.002508*	0.00230*
	(1.99)	(1.84)	(1.93)	(1.78)
不满意	0.001251**	0.001156*	0.001214*	0.001118*
	(1.99)	(1.84)	(1.93)	(1.78)
一般满意	0.006283**	0.005814*	0.006101*	0.005623*
	(2.00)	(1.85)	(1.94)	(1.78)
满意	0.007966**	0.007377*	0.007743*	0.007143*
	(2.00)	(1.85)	(1.94)	(1.79)
非常满意	-0.01808**	-0.01674*	-0.01757*	-0.01619*
	(-2.00)	(-1.85)	(-1.94)	(-1.79)

同样地，这里需要检验工具变量的有效性。表 4.11 中，2 种工具变量均和相亲正相关，说明满足工具变量的必备条件。同时，我们基于表 4.10 回归 1—回归 4，进行弱工具变量检验，操作和表 4.8 类似，检验结果见表 4.11。观察表 4.11，*F* 统计量均在 1%水平上显著且远大于 10，最小特征值统计量均超过 10%的临界值，则拒绝“弱工具变量”的原假设。

表 4.10　　**相亲对婚姻稳定性的影响——基于样本二的 CMP 估计结果**

	条件混合过程(CMP)估计法							
回归编号	(1)		(2)		(3)		(4)	
方程设定	cmp_probit		cmp_probit		cmp_probit		cmp_probit	
因变量	是否离婚	相亲	是否离婚	相亲	是否离婚	相亲	是否离婚	相亲
相亲	-0.3013***		-0.3001***		-0.3031***		-0.3018***	
	(-3.36)		(-3.34)		(-3.38)		(-3.36)	
父母相亲						0.4067***		0.4178***
						(4.90)		(5.01)
父母相亲×区县-城乡-年龄段相亲		0.7536***		0.7632***				
		(7.66)		(7.72)				
女性	0.0130	0.1890*	-0.0030	0.2154**	0.0129	0.1752*	-0.0031	0.2019**
	(0.13)	(1.92)	(-0.03)	(2.14)	(0.13)	(1.83)	(-0.03)	(2.06)
健康自评	-0.0296	0.0418	-0.0267	0.0322	-0.0296	0.0320	-0.0267	0.0215
	(-0.83)	(1.26)	(-0.75)	(0.96)	(-0.84)	(0.98)	(-0.75)	(0.65)
受教育年限	0.0010	-0.0280***	0.0022	-0.0249**	0.0009	-0.0285***	0.0021	-0.0255**

续表

	条件混合过程(CMP)估计法							
回归编号	(1)		(2)		(3)		(4)	
方程设定	cmp_probit		cmp_probit		cmp_probit		cmp_probit	
因变量	是否离婚	相亲	是否离婚	相亲	是否离婚	相亲	是否离婚	相亲
	(0.08)	(−2.78)	(0.18)	(−2.43)	(0.08)	(−2.89)	(0.18)	(−2.53)
子女数	−0.4000***	0.0231	−0.3967***	0.0036	−0.3998***	0.0360	−0.3965***	0.0160
	(−4.31)	(0.36)	(−4.27)	(0.06)	(−4.31)	(0.57)	(−4.27)	(0.25)
和家人吃饭次数	−0.0806***	0.0284	−0.0827***	0.0216	−0.0806***	0.0278	−0.0827***	0.0211
	(−4.80)	(1.37)	(−4.85)	(1.01)	(−4.80)	(1.37)	(−4.85)	(1.01)
社会地位	−0.1497***	−0.0677*	−0.1452***	−0.0693*	−0.1496***	−0.0666*	−0.1452***	−0.0696*
	(−3.55)	(−1.75)	(−3.42)	(−1.77)	(−3.55)	(−1.76)	(−3.42)	(−1.82)
工作类型	否	否	是	是	否	否	是	是
观测值	16955	16955	16955	16955	16956	16956	16956	16956

注：各列均控制省份固定效应，控制变量还包括夫妻年龄差距、年龄、年龄的平方项、理想子女数与实际子女数的差值、时代变量和城乡类型。

表 4.11 弱工具变量检验

回归编号	(1)	(2)	(3)	(4)
F 统计量	60.7034***	60.0005***	21.9129***	21.7045***
最小特征值统计量	58.5328	58.1092	24.0488	23.9237
10%临界值	16.38	16.38	16.38	16.38
15%临界值	8.96	8.96	8.96	8.96

四、夫妻相对收入是否影响婚姻质量

既有研究表明，夫妻收入比一定程度反映了夫妻双方的家庭相对地位，收入是影响婚姻的重要因素(Autor 等，2017)。为了验证夫妻相对收入对婚姻质量的影响，我们对受访人配偶的工资数据进行配对，删除缺失数据，用妻子年收入与丈夫年收入的比值来衡量夫妻相对收入。

(一)相对收入与婚姻满意度

表 4.12 报告了以婚姻满意度为因变量的估计结果。表 4.12 回归 1 和回归 2 分别是有序 Logit、有序 Probit 模型的估计结果，夫妻相对收入比的系数为负，但不显著。表 4.12 回归 3 和回归 4 是 CMP 估计结果，在控制相亲的内生性后，夫妻相对收入比仍不显著。据此认为，夫妻相对收入地位不是影响婚姻满意度的显著性因素。此外，回归 1—回归 4 中，相亲的系数均显著为负，说明在控制夫妻相对收入地位后，相亲结婚的婚姻满意度均低于恋爱结婚，这和前文的结论一致。

(二)相对收入与婚姻稳定性

表 4.13 报告了以是否离婚为因变量的估计结果。根据表 4.13 回归 1 和回归 2，夫妻相对收入比在 10%水平上显著为正，说明妻子的收入越高，婚姻解体的风险越大，夫妻在经济上的势均力敌有利于维持婚姻稳定。然

而，回归 3 中，夫妻相对收入比并不显著，说明考虑相亲的内生性问题后，夫妻收入比并非影响婚姻稳定性的决定性因素。表 4.13 还表明，控制夫妻相对收入等变量后，相亲仍然显著提高了婚姻稳定性。

表 4.12　　**夫妻相对收入影响婚姻满意度吗**

	有序多分类模型		条件混合过程(CMP)估计法			
回归编号	(1)	(2)	(3)		(4)	
模型类型	有序 Logit	有序	有序 Probit	Probit	有序 Probit	Probit
因变量	婚姻满意度	婚姻满意	婚姻满意度	相亲	婚姻满意度	相亲
相亲	-0.1161**	0.0667**	-0.0482*		-0.0502*	
	(-2.24)	(-2.14)	(-1.82)		(-1.89)	
夫妻相对收入比	-0.0352	-0.0187	-0.0234	0.0656	-0.0234	0.0563
	(-0.65)	(-0.73)	(-1.19)	(0.42)	(-1.19)	(0.36)
父母相亲				0.4442***		
				(5.05)		
父母相亲×区县-城乡-年龄段相亲						0.7844***
						(7.56)
工作满意度	0.2450***	0.1345***				
	(12.58)	(11.59)				
外貌	0.0839***	0.0478***				
	(3.09)	(3.04)				
控制变量	控制	控制	控制	控制	控制	控制
观测值	13461	13461	16477	16477	16477	16477

注：回归 1 和回归 2 的控制变量设定和表 4.1 列 2、列 3 相同，回归 3 和回归 4 的控制变量设定和表 4.7 回归 1 相同。

表 4.13 夫妻相对收入影响婚姻稳定性吗

	有序多分类模型		条件混合过程(CMP)估计法			
回归编号	(1)	(2)	(3)		(4)	
模型类型	Logit	Probit	Probit		Probit	
因变量	是否离婚	是否离婚	是否离婚	相亲	是否离婚	相亲
相亲	-0.7477**	-0.3240**	-0.2521**		-0.2507**	
	(-2.08)	(-2.34)	(-2.02)		(-2.01)	
夫妻相对收入比	0.1074*	0.0566*	0.0595	0.1118	0.0595	0.1081
	(1.91)	(1.75)	(1.63)	(0.75)	(1.63)	(0.72)
父母相亲				0.4075***		
				(4.71)		
父母相亲×区县-城乡-年龄段相亲						0.7461***
						(7.29)
信任	-0.1917**	-0.0719***				
	(-2.47)	(-2.65)				
外貌	-0.1377	-0.0549				
	(-0.62)	(-0.72)				
观测值	13968	13968	13965	13965	13963	13963

注：回归 1、回归 2 的控制变量设定和表 4.3 列 4 相同，回归 3、回归 4 的控制变量设定和表 4.10 回归 1 相同。

第四节 本章小结

相亲式婚姻是否真的靠谱？这是“每逢佳节被催婚”的大龄未婚男女们的共同心声。对该问题的研究对广大单身人士及催婚父母具有重要意义，同时，也有利于我们更为科学地评价相亲结婚的。本章遵循理论-实证的研究路线，分析相亲对婚姻满意度、婚姻稳定性的影响。首先，本章将相亲和自由恋爱纳入理论模型，结果表明，自由恋爱式婚姻比相亲式婚姻的效用更高，相亲式婚姻比自由恋爱式婚姻更稳定。

其次，基于理论假说，我们运用 CFPS2014 年的数据，建立有序 Logit 模型、有序 Probit 模型来分析相亲对婚姻满意度的影响，建立离散时间 Logistic 模型、Cox 比例风险模型来分析相亲对婚姻稳定性的影响。实证结果和理论假说一致，说明相亲降低了婚姻满意度，但也导致了更稳定的婚姻。实证结果还表明，控制其他相关变量后，长相越漂亮，婚姻满意度更高，然而，是否漂亮对婚姻稳定性无显著性影响。这和现实相符，漂亮的人不一定擅长处理婚姻生活中出现的问题，长得漂亮不意味着婚姻稳定。进一步地，考虑到样本选择性偏差，本章分别以婚姻满意度、是否离婚为因变量，分别建立 Heckoprobit 模型和 Heckprobit 模型，结果发现，在考虑样本的选择性偏差后，相亲对婚姻满意度仍具有负向影响，相亲有利于降低离婚风险。同时，考虑到相亲的内生性问题，我们构建两种工具变量，即父母是否相亲结婚、父母是否相亲与区县-城乡-同年龄段相亲的交互项，运用 CMP 估计法进行回归分析，实证结果再次验证了理论假说。此外，控制妻子丈夫收入比后，上述结论仍然成立。

本章的结论可用 Becker(1974)的婚姻论和 Becker(1991)的家庭论来解释：婚前的信息不完备致使相亲结婚对象往往不是最佳结婚人选，因而同等条件下相亲式婚姻的满意度较低；尽管自由恋爱式夫妻在婚前的信息相对完备，但随着时间的推移和双方的改变，边际效用递减，婚姻解体的风险增加。通过相亲来认识结婚对象的群体，其本身可能比自由恋爱群体更传统，中国自古以来流传的“宁拆十座庙，不破一桩婚”“好人不离婚，离婚不正经”等不能离婚的伦理文化对相亲群体的影响较大，离婚带来的社会舆论压力也可能降低了相亲群体的离婚意愿。

从相亲结婚到恋爱结婚的转变，看似只是时代背景下的产物。本章通过比较研究相亲和自由恋爱这两种配偶搜寻方式下的婚姻质量，为婚恋观的转变提供了一种解释，同时也为对策研究提供了一定的思路。总之，本章的研究结论具有较强的现实意义，在同等条件下，相亲降低了婚姻满意度，这为单身人士抵触相亲的行为提供了一个合理化解释，同时，相亲提高了婚姻稳定性，这为广大父母推动的相亲潮提供了一个正面的评价。本章的结论从侧面说明，幸福的婚姻不一定持久，这印证了网络上的一句话"有多少爱情败给了时间"。鉴于此，如何扬长避短，在维持恋爱带来的婚姻满意度的同时，提高恋爱式婚姻的稳定性，在维持相亲带来的婚姻稳定性的同时，提升相亲式婚姻的满意度？这不仅仅是当事人需要考虑的，还需要政策制定者和有关部门给予配套的协助和支持。

本章参考文献

[1] 陈勇兵，李燕，周世民．中国企业出口持续时间及其决定因素．经济研究，2012(7)：48-61.

[2] 郭继强，费舒澜，林平．越漂亮，收入越高吗？——兼论相貌与收入的"高跟鞋曲线"．经济学(季刊)，2016(4)：147-172.

[3] 郭志刚．对中国 1990 年代生育水平的研究与讨论．人口研究，2004(2)：10-19.

[4] 李建新，王小龙．初婚年龄、婚龄匹配与婚姻稳定——基于 CFPS 2010 年调查数据．社会科学，2014(3)：80-88.

[5] 彭大松，陈友华．初婚解体风险变化趋势及其影响因素——基于 CFPS2010 数据的分析．人口与社会，2016(3)：85-97.

[6] 王智波，李长洪．好男人都结婚了吗？——探究中国男性工资婚姻溢价的形成机制．经济学(季刊)，2016(2)：917-940.

[7] 许琪，邱泽奇，李建新．真的有"七年之痒"吗？——中国夫妻的离婚模式及其变迁趋势研究．社会学研究，2015(5)：216-241.

[8] 周广肃，孙浦阳．互联网使用是否提高了居民的幸福感——基于家庭微观数据的验证．南开经济研究，2017(3)：18-33.

[9] Arriaga X. B. , Slaughterbeck E. S. , Capezza N. M. . Hmurovic J. L. From bad to worse: Relationship commitment and vulnerability to partner imperfections. Personal Relationship, 2007, 14(3): 389-409.

[10] Autor D. H. , Dorn D. , Hanson G. H. . When Work Disappears: Manufacturing Decline and the Falling Marriage-Market Value of Men. Cepr Discussion Papers, 2017.

[11] Becker G. S. . A theory of marriage. The Economic Approach to Human Behavior, 1974, 36(1): 119-133.

[12] Becker G. S. . A Treatise on the Family, Enlarged Edition. Cambridge: Harvard University Press, 1991.

[13] Becker G. S. , Murphy K. M. , Spenkuch J. L. . The manipulation of children's preferences, old age support, and investment in children's human capital. Journal of Labor Economics, 2016, 34(2): 3-30.

[14] Breen R. , Karlson K. B. , Holm A. . Total, Direct, and Indirect Effects in Logit and Probit Models. Social Science Electronic Publishing, 2011, 42(2): 164-191.

[15] Chyi H. , Mao S. . The Determinants of Happiness of China's Elderly Population. Journal of Happiness Studies, 2012, 13(1): 167-185.

[16] De Luca G. , Perotti V. . Estimation of Ordered Response Models with Sample Selection. Ceis Research Paper, 2010, 11(11): 213-239.

[17] Edlund L. , Lagerlof N. . Individual versus Parental Consent in Marriage: Implications for Intra-Household Resource Allocation and Growth. American Economic Review, 2006, 96(2): 304-307.

[18] Epstein R. . How Science Can Help You Fall in Love. Scientific American Mind, 2010, 21(1): 26-33.

[19] Gupta U. , Singh, P. . An exploratory study of love and liking and type of marriages. Indian Journal of Applied Psychology, 1982, 19(2): 92-97.

[20] Heckman J. J.. Sample Selection Bias as a Specification Error. Econometrica, 1979, 47(1): 153-161.

[21] Huang F., Jin G. Z., Xu L. C.. Love and Money by Parental Matchmaking: Evidence from Urban Couples in China. American Economic Review, 2012, 102(102): 555-560.

[22] Huang F., Jin G. Z., Xu L. C.. Love, money, and parental goods: Does parental matchmaking matter. NBER working papers, 2016, NO. 22586.

[23] Iyengar S., Warburton S.. The Art of Choosing[M]. Little Brown Book Group, 2011.

[24] Roodman D.. Fitting fully observed recursive mixed-process models with cmp. The Stata Journal, 2011, 11(2): 159-206.

[25] Schwartz B.. The Paradox of Choice: Why More Is Less. Brilliance Audio, 2014.

[26] Sobel M. E.. Asymptotic Confidence Intervals for Indirect Effects in Structural Equation Models. Sociological Methodology, 1982, 13(13): 290-312.

[27] Strong G., Aron A.. The effect of shared participation in novel and challenging activities on experienced relationship quality: Is it mediated by high positive affect. Self and Relationships: Connecting Intrapersonal and Interpersonal Processes, 2006(2): 342-359.

[28] Van de Ven W., Van Praag B.. The demand for deductibles in private health insurance. Journal of Econometrics, 1981, 17(2): 229-252.

第五章 相亲结婚如何影响婚姻质量

第四章的研究表明，自由恋爱和相亲作为两种不同的配偶搜寻方法，各有利弊，尽管自由恋爱式婚姻的婚姻满意更高，但其婚姻的经营成本高于相亲式婚姻，而过高的婚姻经营成本将增加婚姻解体的风险。考虑到中国自古以来流传的“好人不离婚，离婚不正经”等不能离婚的伦理文化，离婚也会降低人们的幸福感，这在一些实证类文献中也被证实。因此，自由恋爱对婚姻满意度的正向作用可能被相对较低的婚姻稳定性所抵消，从总体来看，相亲结婚和恋爱结婚对个体生活幸福感的影响可能无显著性差异。第四章尚未从生活幸福感这个维度来讨论相亲结婚对婚姻质量的影响，这是本章将验证的内容之一。另外，生活幸福感一定程度上包含了婚姻满意度和婚姻稳定性的信息，因而，生活幸福感是一个更全面的衡量指标。本章将生活幸福感作为婚姻质量的主要衡量指标。

相亲结婚如何影响婚姻质量？对该问题的研究，有利于我们找到相亲结婚的“软肋”，从而为相关对策研究提供指引。相亲与自由恋爱的本质区别在于，相亲对象由介绍人选定，介绍人无法判断相亲双方是否产生感情及结婚后的恩爱程度，因而，情感信息不对称，相亲对象可能不是最佳匹配对象。夫妻匹配度是否为相亲影响婚姻质量的渠道？第四章尚未讨论这个问题，这是本章将验证的内容之二。

第一节 拓展效用函数的理论模型

本章的理论模型是第三章理论模型的延伸。根据第三章的设定，个体 i

的效用 $U(i)$ 为：

$$U(i) = [g(z_i,\ z_j) + w_i]f(z_i,\ z_j) - C(i)\left[\int_0^m (x + v_1)d(1 - e^{-ax}) + (m + v_2)e^{-am}\right] \quad (5.1)$$

其中，各变量的含义和第三章完全一致，这里不再赘述。若为恋爱结婚，则情感产出系数 $g(z_i,\ z_j)$ 的信息完备，(5.1) 式对恋爱结婚对象的个体特征 z_j 求导，得到：

$$\frac{\partial U(i)}{\partial z_j} = \frac{\partial g}{\partial z_j}f(z_i,z_j) + [g(z_i,z_j) + w_i]\frac{\partial f}{\partial z_j} \quad (5.2)$$

令(5.2) 式等于0，求得最优恋爱结婚对象的特征 z_j^*，此时，个体 i 获得的情感产出和物质产出分别为 $g(z_i,\ z_j^*)f(z_i,\ z_j^*)$、$w_if(z_i,\ z_j^*)$。

若为相亲结婚，介绍人掌握的情感信息不完备，情感产出系数可看作未知，(5.1) 式对相亲结婚对象的个体特征 z_j 求导，得到：

$$\frac{\partial U(i)}{\partial z_j} = [g(z_i,z_j) + w_i]\frac{\partial f}{\partial z_j} \quad (5.3)$$

令(5.3) 式等于0，求得最优相亲结婚对象的特征 z_j^{**}，此时，个体 i 获得的情感产出和物质产出分别为 $g(z_i,\ z_j^{**})f(z_i,\ z_j^{**})$、$w_if(z_i,\ z_j^{**})$。由于(5.3) 式的 RHS 仅为(5.2) 式的一部分，除非 $z_j = z_j^*$ 时，$\frac{\partial g}{\partial z_j}f(z_i,z_j) = 0$，否则，(5.2) 式和(5.3) 式必不相等($z_j^* \neq z_j^{**}$)。由此可见，通常情况下，相亲结婚对象的特征 z_j^{**} 与恋爱结婚对象的特征 z_j^* 存在差异，这为人们拒绝相亲结婚提供了一种理论解释。

综上，相亲结婚和恋爱结婚的相同点是，个体都拥有一定的婚姻决策权(Tsutsui，2013)，其本质区别是：两者的配偶搜寻方式不同，导致相亲结婚对象可能不是最优恋爱结婚对象，即 $z_j^* \neq z_j^{**}$，相亲结婚一定程度影响了夫妻匹配度，进而影响了婚姻的效用。据此提出以下假说：

假说 5.1：夫妻匹配度是相亲结婚影响幸福感的作用路径，相亲结婚通过影响夫妻匹配度进而影响婚姻质量。

第二节　实证模型设定和数据来源

一、模型设定：相亲结婚如何影响婚姻质量？

1. 机制分析

基于假说5.1，设相亲结婚对夫妻匹配度的影响系数为 b，夫妻匹配度对幸福感的影响系数为 c，则相亲结婚通过影响夫妻匹配度进而影响幸福感的中介效应为 $b*c$。设相亲结婚对幸福感的直接效应为 a，可推出相亲结婚对幸福感的作用机制（见图5.1），相亲结婚对幸福感的总效应为 $(a+b*c)$。

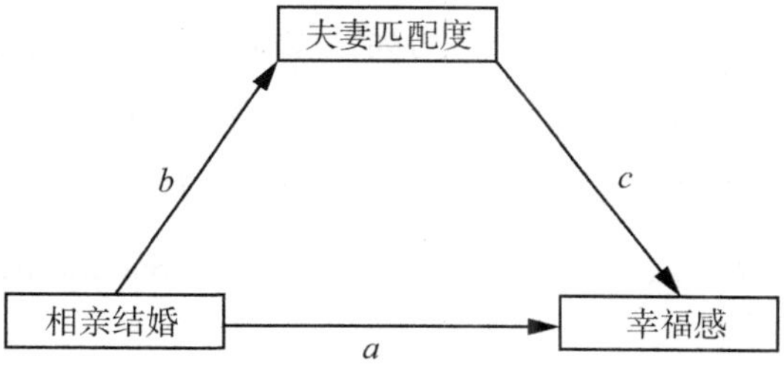

图5.1　相亲结婚对幸福感的作用机制分析

根据图5.1和可获得性数据，据此我们初步设定联立方程模型如下：

$$\begin{cases} \text{total} = c_0 + c_1\text{meet} + c_2\overline{Z_1} + c_3\overline{Z_2} + \varepsilon_1 \\ \text{gapc} = d_0 + d_1\text{meet} + d_2\overline{Z_1} + d_3\overline{Z_2} + \varepsilon_2 \\ \text{gaps} = e_0 + e_1\text{meet} + e_2\overline{Z_1} + e_3\overline{Z_2} + \varepsilon_3 \\ \text{happ} = f_0 + f_1\text{meet} + f_2\text{total} + f_3\text{gapc} + f_4\text{gaps} + f_5\overline{Z_1} + f_6\overline{Z_3} + \varepsilon_4 \end{cases} \tag{5.4}$$

其中，meet 的设定和第三章、第四章相同，这里不再赘述。我们从物质匹配度和精神匹配度两方面来衡量夫妻匹配度，物质匹配度用夫妻收入和(total)与夫妻收入差(gapc)来衡量，gaps 表示精神匹配度，happ 表示幸福感。$\overline{Z_1}$、$\overline{Z_2}$ 和 $\overline{Z_3}$ 是影响因变量的系列控制变量，其中，$\overline{Z_1}$ 包括城乡类型、夫妻两人的出生地是否相同、民族是否相同、是否初婚和地区哑变量，$\overline{Z_2}$ 包括夫妻年龄差距、受教育年限差距、能力差距、外貌差距、待人接物水平差距和语言表达能力差距。$\overline{Z_3}$ 包括受访人的性别、能力变量、受教育程度、年龄、外貌、待人接物水平和语言表达能力，此外，幸福感是一种主观感受，我们在 $\overline{Z_3}$ 中加入自身生活满意度变量以规避个体主观评价差异对回归结果的干扰。

2. 可行的估计方法

传统的联立方程模型的估计法有普通最小二乘法(OLS)、二阶段最小二乘法(2SLS)和三阶段最小二乘法(3SLS)。其中，3SLS 考虑到不同方程扰动项间可能存在的相关性，估计更有效率。遗憾的是，(5.4)式中，除了收入和(total)外，其他因变量均为离散变量，因而采用传统估计方法欠妥。本章拟采用 GSEM 估计法，该方法作为广义的 SEM 估计法(Generalized SEM)，既能估计线性模型，也能估计因变量为二元变量、有序分类变量、计数变量的非线性联立方程模型(StataCorp，2011；Acock，2013)。

3. 内生性与解决方法

GSEM 估计法能较好地处理模型的内生性问题，这主要体现在：首先，如果相亲结婚样本和恋爱结婚样本是异质的，即使相亲结婚对幸福感无显著性影响，相亲结婚变量的系数仍可能显著，且相亲结婚和幸福感可能互为因果关系。为解决这些问题，我们在(5.4)式中加入处理效应方程，而 GSEM 估计法能估计含有内生处理变量的联立方程模型。具体而言：①定义变量 way，若受访者为相亲结婚，way 取 0，定义 uway 作为 way 的补充变量，若受访者为恋爱结婚，uway 取 0。②用父母是否选择相亲结婚(par)作为影响相亲结婚的外生变量。其次，GSEM 估计法允许创建遗留变量的代理变量，本章用潜变量(L)来衡量遗漏变量，将 L 作为控制变量加入联立方程模型，以避免遗漏变量带来的估计偏误。此外，(5.4)式的前 3 个方程的因变量是第 4 个方程的自变量，说明本章的联立方程模型含有中介效应，而 GSEM 估计法能较好地处理内生中介变量问题。

4. 联立方程模型的建立

据此，基于(5.4)式，我们建立包含处理效应方程的联立方程模型为：

$$\begin{cases} \text{total} = c_0 + c_1\text{meet} + c_2\overline{Z_1} + c_3\overline{Z_2} + c_4L + \varepsilon_1 \\ \text{gapc} = d_0 + d_1\text{meet} + d_2\overline{Z_1} + d_3\overline{Z_2} + d_4L + \varepsilon_2 \\ \text{gaps} = e_0 + e_1\text{meet} + e_2\overline{Z_1} + e_3\overline{Z_2} + e_4L + \varepsilon_3 \\ \text{happ} = f_0 + f_1\text{meet} + f_2\text{total} + f_3\text{gapc} + f_4\text{gaps} + f_5\overline{Z_1} + f_6\overline{Z_3} + f_7L + \varepsilon_4 \\ way = g_0 + g_1\text{par} + g_2\overline{Z_4} + g_3L + \varepsilon_5 \end{cases} \tag{5.5}$$

(5.5) 式共包含 5 个方程，total 和 happ 视作连续型因变量，gapc、gaps 和 *way* 视作离散型因变量，*L* 为潜变量，根据因变量特征，除方程一外，其他方程的潜变量系数设定为 1。若受访人父母至少有一方为相亲结婚，则 par 赋值为 1，否则，赋值为 0。$\overline{Z_4}$ 包括受教育年限、结婚年龄、能力变量、外貌、待人接物水平、语言表达能力和性别。其他变量设定和 (5.4) 式相同。

二、数据说明

(一)数据来源

本章微观数据采用 CFPS 数据。其原因是，本章的实证研究需要获取受访人配偶的民族、出生地、能力等数据以及其父母相亲结婚的数据，只有 CFPS 数据提供了配偶和父母的编号，我们将受访人的配偶编号、父亲编号、母亲编号与个人编号依次配对，可获得受访人配偶、父母的相关数据，但其他 3 套数据无编号信息，因而无法获取这些数据。

(二)变量说明

相亲结婚(meet)的设定方法与第三章、第四章相同。CFPS 就幸福感设计提问“你觉得自己有多幸福”，取值为 0-10，0 代表的幸福感最低，10 代表的幸福感最高。此外，个人特征、家庭社会资本、社会背景和控制变量的设定和第三章相同。这里重点介绍匹配度变量。

(1)物质匹配度：用“过去 12 个月的个人总收入”来衡量受访人的收入状况，夫妻收入和(total)用受访人与配偶的个人总收入求和后加 1 取对数表示。若受访人和配偶的个人总收入的绝对差值大于均值，夫妻收入差(gapc)取 1，否则取 0。

(2)精神匹配度：本章拟从受访人和配偶在家庭观、婚姻观、子女观和金钱观上的观点差异程度来衡量精神匹配程度。CFPS 就这 4 方面设计的代表性观点为：“家庭美满、和睦”“与配偶关系亲密”“子女有出息”“很有钱”。受访者对每种观点的重要程度做出判断，1—5 表示从不重要到非常重要，例如，若认为“很有钱”非常重要，选择 5，若认为比较重要，选择 4，依此类推。我们将配偶编号和个人编号进行配对，从而获得受访人配偶的观点信息。gaps 的赋值由受访者与配偶在这 4 种观点上(家庭观、婚姻观、子女观和金钱观)的匹配程度决定，若两者 4 种观点的选择项均一致，则 gaps 取 0，若只有一种观点不一致，则 gaps 取 1，若有 2 种观点不一致，则 gaps 取 2，若有 3 种观点不一致，则 gaps 取 3，若 4 种观点都不一致，则 gaps 取 4。gaps 取值越大，意味着观点差异程度越大，精神匹配度越低。

(三)描述性统计

(5. 4)式的回归分析主要使用 CFPS2010 年、2012 年和 2014 年数据。本章依次对全样本、男性样本、女性样本按照 3 种划分标准分组，并计算各组的幸福感均值，如图 5. 2 所示。按照恋爱结婚、相亲结婚进行分组，则恋爱结婚群体的平均幸福感高于相亲结婚群体；按照物质匹配度分组，则物质匹配度较高的群体，其平均幸福感较低；按照精神匹配度分组，则精神匹配程度越高的群体，平均幸福感也越高。该描述不仅适用于全样本，对男性样本和女性样本同样成立。据此推断，幸福感与相亲结婚、物质匹配度、精神匹配度可能存在统计上的相关性，在加入控制变量以及考虑内生性问题后，这种相关性是否显著，需要进一步实证验证。

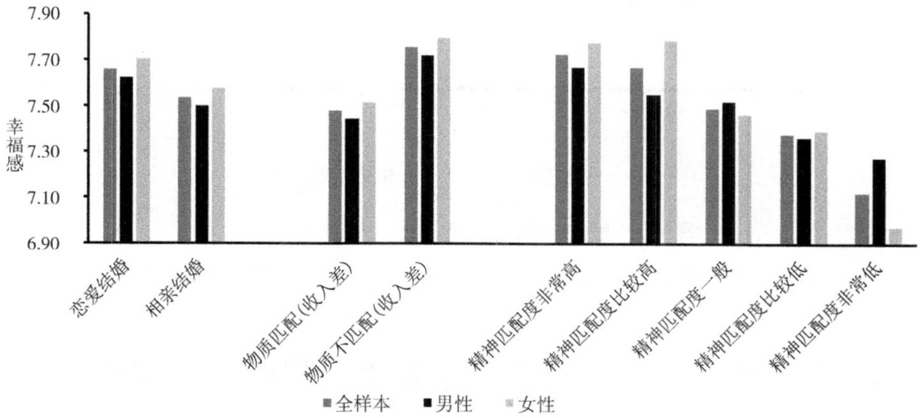

图 5.2　不同划分标准下分组样本的幸福感均值

资料来源：作者基于 CFPS2010 年、2012 年、2014 年数据整理得到。

参考家庭生命周期理论，本章基于受访人的结婚年份，计算截至调查年份为止的婚姻持续时间(婚龄)，同时计算不同婚龄群体的相亲结婚占比，结果如图 5.3 所示。图 5.3 中，随着婚龄增加，幸福感呈现先下降后上升的循环变动趋势，这里将 15 年作为一个周期，婚龄在 15 年及以下的群体整体幸福感较高，婚龄在 16 年至 30 年的群体整体幸福感较前一个周期下降明显，婚龄在 31 年至 45 年的群体整体幸福感较前一个周期小幅上升，婚龄在 46 年至 60 年的群体幸福感较前一个周期出现先大幅下降后大幅上升的循环波动特征。此外，从长远变动趋势来看，婚龄越低，相亲结婚占比也越低，其可能的原因是，婚龄较低的群体的平均年龄较小，其出生队列属于 20 世纪 70 年代或 80 年代，因而选择恋爱结婚的可能性较大，相亲结婚占比较低。

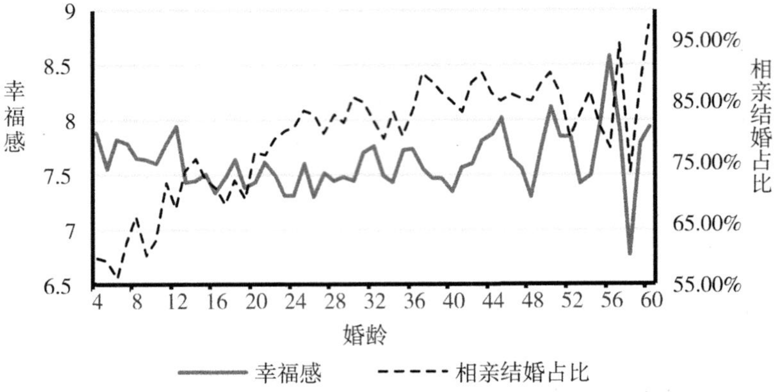

图 5.3 婚龄与相亲结婚占比、幸福感的关系

资料来源：作者基于 CFPS2010 年、2012 年、2014 年数据整理得到。

第三节 以幸福感来衡量婚姻质量的实证结果

一、相亲结婚如何影响幸福感：基本回归分析

表 5.1 为(5.4)式的 GSEM 估计结果，ρ 在 1%水平上显著为正，则强烈拒绝原假设"$H_0: \rho=0$"，相亲结婚变量是内生的。列 1 中，潜变量在 1%水平上显著，列 5 中，父母相亲结婚的系数在 1%水平上显著为正，系数值较大，说明父母相亲结婚是影响子女选择相亲结婚的重要外生变量。因此，为克服内生性问题，本章在联立方程模型中引入潜变量 L 和处理效应方程是合理的。

1. 相亲结婚对匹配度的影响

其他条件相同时，与恋爱结婚相比，相亲结婚的夫妻收入和更低，夫妻收入绝对差值在均值以上的可能性更小，夫妻观点差异程度更大。由此可见，在控制内生性和其他因素的影响后，相亲结婚显著影响了夫妻在物质上和精神上的匹配度。

表 5.1　　相亲结婚没有恋爱结婚幸福吗？——基于 CFPS 数据

因变量	物质匹配度		精神匹配度	核心因变量	处理效应方程
	收入和对数	收入差超均值	观点差异程度	幸福感	way
编号	(1)	(2)	(3)	(4)	(5)
相亲结婚	-0.4796***	-0.3944***	0.1174***	-0.2270***	
	(-10.53)	(-7.79)	(2.80)	(-4.63)	
物质匹配度					
收入和取对数				-0.1269***	
(total)				(-11.03)	
收入差超均值				-0.5098***	
(gapc)				(-11.75)	
精神匹配度				-0.4061***	
(gaps)				(-24.66)	
父母相亲结婚					0.7586***
					(3.66)
L	1.1010***	1.0000	1.0000	1.0000	1.0000
	(27.75)	(.)	(.)	(.)	(.)
控制变量	是	是	是	是	是
样本量	16040	16040	16040	16040	16040
相亲结婚对幸福感的作用机制分析					
中介效应	0.0609***	0.2010***	-0.0477***		
	(7.50)	(6.49)	(-2.78)		
总效应				-0.0128	
				(-0.23)	
ρ(rho)					0.2153***
					(23.94)

注：括号内( )为 t 统计量，***、**、* 分别代表在 1%、5%、10%水平上显著。控制变量的设定见(5.1)式。

2. 匹配度对幸福感的影响

匹配度的3个变量系数均显著为负。从物质匹配度的系数可知，同等条件下，夫妻收入和越高，幸福感越低；与收入绝对差值未超过均值的夫妻相比，收入绝对差值超过均值的夫妻幸福感较低。从精神匹配度的系数可知，夫妻观点差异程度越大，幸福感越低。

3. 相亲结婚对幸福感的作用机制分析

基于GSEM估计结果，本章运用nlcom命令①估计中介效应和总效应的系数，如表5.1下半部分所示。在物质匹配度上，相亲结婚通过降低夫妻收入和和夫妻收入差距进而正向作用于幸福感，相亲结婚经由物质匹配度路径的中介效应显著为正，这为相亲活动提供了一种正面评价。在精神匹配度上，相亲结婚通过增加夫妻观点差异程度进而负向作用于幸福感，相亲结婚经由精神匹配度路径的中介效应显著为负，这为人们拒绝相亲提供了一种合理解释。

4. 相亲结婚没有恋爱结婚幸福吗

列4中相亲结婚的系数显示，相亲结婚不通过其他作用路径而直接对幸福感产生的影响在1%水平上显著为负。将上述中介效应和相亲结婚对幸福感的直接效应加总即得总效应，根据表5.1，相亲结婚对幸福感的总效应为负，但不显著，这意味着，在控制相亲结婚的内生性和其他影响因素后，相亲式婚姻与恋爱式婚姻在幸福感上无显著差异。

二、相亲结婚如何影响幸福感：按性别分组的检验

考虑到性别差异对结果的影响，本章分别运用男性样本和女性样本对(5.5)式进行实证分析，表5.2为男性样本的回归结果，表5.3为女性样本的回归结果。表5.2和表5.3中，ρ均显著不为0，说明模型的确存在内生性问题；父母相亲结婚以及潜变量的回归系数显著性、正负符号和表5.1一致，说明(5.5)式的联立方程模型同样适用于男性样本和女性样本。

① nlcom命令的实证操作软件为stata 13。

表 5.2　相亲结婚没有恋爱结婚幸福吗？——基于 CFPS 的男性样本

因变量	物质匹配度		精神匹配度	核心因变量	处理效应方程
	收入和对数	收入差超均值	观点差异程度	幸福感	way
相亲结婚	-0.4873***	-0.4168***	0.0705	-0.2879***	
	(-7.61)	(-5.86)	(1.20)	(-4.19)	
物质匹配度					
收入和取对数				-0.1305***	
				(-8.09)	
收入差超均值				-0.5198***	
				(-8.46)	
精神匹配度				-0.3774***	
				(-16.28)	
父母相亲结婚					0.9257***
					(3.47)
L	1.0964***	1.0000	1.0000	1.0000	1.0000
	(19.66)	(.)	(.)	(.)	(.)
控制变量	是	是	是	是	是
样本量	8025	8025	8025	8025	8025
相亲结婚对幸福感的作用机制分析					
中介效应	0.0636***	0.2166***	-0.0266		
	(5.42)	(4.82)	(-1.19)		
总效应				-0.0343	
				(-0.44)	
ρ(rho)					0.2138***
					(17.00)

注：括号内( )为 t 统计量，***、**、* 分别代表在 1%、5%、10% 水平上显著。控制变量的设定见(5.1)式。

表 5.3 相亲结婚没有恋爱结婚幸福吗？——基于 CFPS 的女性样本

因变量	物质匹配度		精神匹配度	核心因变量	处理效应方程
	收入和对数	收入差超均值	观点差异程度	幸福感	way
相亲结婚	-0.4774***	-0.3748***	0.1629***	-0.1675**	
	(-7.36)	(-5.20)	(2.72)	(-2.39)	
物质匹配度					
收入和取对数				-0.1239***	
				(-7.53)	
收入差超均值				-0.4931***	
				(-8.02)	
精神匹配度				-0.4314***	
				(-18.39)	
父母相亲结婚					0.9132**
					(2.56)
L	1.1104***	1.0000	1.0000	1.0000	
	(19.63)	(.)	(.)	(.)	
控制变量	是	是	是	是	是
样本量	8015	8015	8015	8015	8015
相亲结婚对幸福感的作用机制分析					
中介效应	0.0592***	0.1848***	-0.0703***		
	(5.21)	(4.36)	(-2.69)		
总效应				0.0062	
				(0.08)	
ρ(rho)					0.2179***
					(16.86)

注：括号内( )为 t 统计量，***、**、*分别代表在1%、5%、10%水平上显著。控制变量的设定见(5.1)式。

1. 相亲结婚对男性样本的影响

相亲结婚不经过匹配度路径而直接对幸福感的影响显著为负。相亲结婚通过降低夫妻收入和、夫妻收入差距进而影响幸福感的中介效应均显著为负，但精神匹配度的中介效应不显著，说明对于男性而言，物质匹配度是相亲结婚影响幸福感的重要路径。

2. 相亲结婚对女性样本的影响

相亲结婚对幸福感的直接效应显著为负。在物质匹配度上，相亲结婚通过降低夫妻收入和、夫妻收入差距进而对幸福感的中介效应均显著为正；在精神匹配度上，相亲结婚通过增加夫妻观点差异程度进而对幸福感的中介效应显著为负。可见，对于女性而言，物质匹配度和精神匹配度是相亲结婚影响幸福感的重要路径。

4. 相亲结婚没有恋爱结婚幸福吗-分性别

从表 5.2 可知，相亲结婚对男性幸福感的总效应为-0.0343，从表 5.3 可知，相亲结婚对女性幸福感的总效应为 0.0062，但两者的系数均不显著，说明无论是男性还是女性，相亲结婚与恋爱结婚的幸福感无显著性差别。

三、相亲结婚如何影响幸福感：按婚龄分组的检验

进一步地，考虑到不同婚龄群体在幸福感上的差异，本章按照婚龄不超过 15 年、15~30 年、30 年以上的划分标准，分为 3 组样本。依次运用这 3 组数据对(5.5)式进行回归分析，结果见表 5.4、表 5.5 和表 5.6。其中，各表 ρ 均显著不为 0，各表潜变量、父母相亲结婚的系数显著性、正负符号和表 5.1 一致，说明(5.1)式的联立方程模型也适用于婚龄分组样本。

1. 相亲结婚对匹配度的影响

在物质匹配度上，无论婚龄处于哪个阶段，在控制其他影响因素后，与恋爱结婚相比，相亲结婚的夫妻收入和较低，同时，夫妻收入差距相对较小。可见，相亲结婚对夫妻物质匹配度的影响是长期的。在精神匹配度

表 5.4　相亲结婚没有恋爱结婚幸福吗？——基于 CFPS 中婚龄不超过 15 年的样本

因变量	物质匹配度		精神匹配度	核心因变量	处理效应方程
	收入和对数	收入差超均值	观点差异程度	幸福感	way
相亲结婚	-0.3808***	-0.2678***	-0.0304	-0.3455***	
	(-5.90)	(-2.90)	(-0.38)	(-3.58)	
物质匹配度					
收入和取对数				-0.1874***	
				(-5.72)	
收入差超均值				-0.5443***	
				(-6.00)	
精神匹配度				-0.4947***	
				(-13.03)	
父母相亲结婚					1.4504***
					(4.06)
L	0.7098***	1.0000	1.0000	1.0000	1.0000
	(11.21)	(.)	(.)	(.)	(.)
控制变量	是	是	是	是	是
样本量	3451	3451	3451	3451	3451
相亲结婚对幸福感的作用机制分析					
中介效应	0.0714***	0.1458***	0.0150		
	(3.99)	(2.62)	(0.38)		
总效应				-0.1133	
				(-1.04)	
ρ(rho)					0.2221***
					(10.33)

注：括号内( )为 t 统计量，***、**、* 分别代表在 1%、5%、10%水平上显著。控制变量的设定见(5.1)式。

上，对于婚龄不超过 15 年的样本，相亲结婚对精神匹配度无显著性影响，对于婚龄超过 15 年的样本，相亲结婚则显著提高了夫妻之间的观点差异程度。说明在长期，相亲结婚对夫妻精神匹配度的影响逐渐凸显。与婚龄在 16~30 年的样本相比，相亲结婚对婚龄超过 30 年的样本在精神匹配度上影响程度较小，其可能的原因是，随着时间推移，夫妻在相互磨合中形成一定默契，观点差异程度逐渐下降。

2. 匹配度对幸福感的影响

表 5.4 至表 5.6 中，物质匹配度的 2 个变量系数及精神匹配度的变量系数均显著为负，说明无论婚龄处于哪个阶段，夫妻匹配度对幸福感的影响均显著为负。

3. 相亲结婚对幸福感的作用机制分析

从中介效应的系数来看，相亲结婚经由物质匹配度路径进而影响幸福感的中介效应均显著为正，说明无论婚龄处于哪个阶段，相亲结婚通过降低收入和、收入差距进而正向作用于幸福感；对于婚龄不超过 15 年的样本，相亲结婚经由精神匹配度路径的中介效应不显著，但对婚龄超过 15 年的样本，精神匹配度是相亲结婚负向作用于幸福感的重要路径。从直接效应的系数来看，对于婚龄不超过 15 年的样本，相亲结婚对幸福感的直接影响显著为负。对于婚龄超过 15 年的样本，相亲结婚对幸福感的直接影响是不显著的。

4. 相亲结婚没有恋爱结婚幸福吗？——按婚龄分组

对于婚龄不超过 15 年的样本，相亲结婚主要通过直接效应和物质匹配度路径来影响幸福感。对于婚龄在 16~30 年的样本以及婚龄超过 30 年的样本，相亲结婚主要通过影响物质匹配度和精神匹配度来影响幸福感。表 5.4、表 5.5 和表 5.6 中，相亲结婚对幸福感的总效应均为负，但不显著，说明其他条件相同时，无论在长期还是短期，相亲结婚和恋爱结婚在幸福感上均无显著性差异。

表 5.5 相亲结婚没有恋爱结婚幸福吗？
——基于 CFPS 中婚龄超过 15 年但不超过 30 年的样本

定义	物质匹配度		精神匹配度	核心因变量	处理效应方程
	收入和对数	收入差超均值	观点差异程度	幸福感	way
相亲结婚	−0.2382***	−0.1772**	0.2273***	−0.1090	
	(−3.44)	(−2.19)	(3.35)	(−1.41)	
物质匹配度					
收入和取对数				−0.1413***	
				(−7.73)	
收入差超均值				−0.5187***	
				(−7.87)	
精神匹配度				−0.3839***	
				(−14.69)	
父母相亲结婚					1.5419***
					(3.09)
L	1.0246***	1.0000	1.0000	1.0000	1.0000
	(16.06)	(.)	(.)	(.)	(.)
控制变量	是	是	是	是	是
样本量	6396	6396	6396	6396	6396
相亲结婚对幸福感的作用机制分析					
中介效应	0.0337***	0.0919**	−0.0873***		
	(3.12)	(2.11)	(−3.26)		
总效应				−0.0707	
				(−0.84)	
ρ(rho)					0.2197***
					(13.93)

注：括号内()为 t 统计量，***、**、*分别代表在1%、5%、10%水平上显著。控制变量的设定见(5.1)式。

表 5.6　　　　相亲结婚没有恋爱结婚幸福吗?
——基于 CFPS 中婚龄超过 30 年的样本

定义	物质匹配度		精神匹配度	核心因变量	处理效应方程
	收入和对数	收入差超均值	观点差异程度	幸福感	way
相亲结婚	-0.2438***	-0.2835***	0.1507**	-0.1390	
	(-2.68)	(-2.74)	(1.96)	(-1.58)	
物质匹配度					
收入和取对数				-0.0658***	
				(-3.76)	
收入差超均值				-0.5423***	
				(-7.02)	
精神匹配度				-0.4183***	
				(-16.12)	
父母相亲结婚					1.5214***
					(4.52)
L	1.0492***	1.0000	1.0000	1.0000	1.0000
	(15.69)	(.)	(.)	(.)	(.)
控制变量	是	是	是	是	是
样本量	6193	6193	6193	6193	6193
相亲结婚对幸福感的作用机制分析					
中介效应	0.0160**	0.1538**	-0.0630*		
	(2.15)	(2.55)	(-1.94)		
总效应				-0.0323	
				(-0.32)	
ρ(rho)					0.1717***
					(14.00)

注：括号内( )为 t 统计量，***、**、* 分别代表在 1%、5%、10%水平上显著。控制变量的设定见(5.1)式。

第四节 机制分析的另一种计量建模策略

第三节采用联立方程模型验证了假说 5.1。本节将运用一种新的计量方法(KHB 方法)来进一步验证假说。同时，本节从婚姻满意度和婚姻稳定性两个维度来衡量婚姻质量，通过中介效应模型，而不是联立方程模型来进行机制检验。为了检验结果的稳健性，本节对匹配度的定义和数据处理作出一定的改变，详见下文的中介变量界定。

一、中介变量界定

(1)本节将匹配度分为物质匹配度和精神匹配度。参考周广肃和孙浦阳(2017)，本节将“对物质的看重程度”定义为自评经济地位与实际经济地位的比值。两者比值越小，表明对物质的看重程度越高。物质匹配度用受访人与其配偶对物质看重程度的差距来表示。CFPS 直接询问了受访人在本地的自评经济地位，回答分值为 1~5 的任意整数，分值越大，则自评经济地位越高。同时，本节将实际经济地位分为 5 个档，用受访人的个人年收入在所属省份的等级来表示。

(2)本节拟从“家庭观”和“婚姻观”两方面来衡量精神匹配度。CFPS 就“家庭观”设计了 6 个提问“子女应善待父母”“子女应达成父母心愿”“儿子婚后和父母住在一起”“应至少生一个儿子”“应当做光宗耀祖的事情”“应经常回家探望父母”；CFPS 还就“婚姻观”设计了 4 个问题，即“男人以事业为主，女人以家庭为主”“女人干得好不如嫁得好”“女人应该有孩子才算完整”“男人应承担一半家务”；受访者对这些问题的同意程度分为 5 档，从 1 到 5 表示从“非常不同意”到“非常同意”。我们将受访人与其配偶在上述 10 个问题的答案进行匹配，每个问题的匹配程度用两者差值的绝对值表示，则受访人与其配偶在每个问题的匹配程度取值为 0~4 的整数，取值越大，表示两者在该问题的匹配程度越低，若两者回答完全一致，则取值为 0，表示完全匹配。这样，我们共获取 10 个匹配程度变量。然而，这 10 个变量之间可能存在显著的相关关系，本节将运用主成分法进行降维处理。值得一提的是，传统的主成分分析法（PCA）只能用于线性变量，而 SPSS 软件的 CATPCA 方法则适用于有序分类变量的主成分分析（Meulman 和 Heiser，2009），本节将借助 CATPCA 方法，将上述 10 个匹配程度变量合成一个综合指标，并将该指标定义为精神匹配度。

二、中介效应模型

需要注意的是，CFPS 没有直接提供受访人配偶的自评经济地位、家庭观、婚姻观等数据，我们基于个人代码和其配偶代码进行数据配对，获取配偶相关数据。为检验相亲是否通过影响匹配度进而影响，我们以物质匹配度、精神匹配度作为中介变量，建立中介效应模型。需要注意的是，Sobel（1982）提出的中介效应系数乘积项检验法仅适用于线性中介效应模型，而本节的中介效应模型为非线性模型。Breen 等（2013）提出 KHB 方法，该方法既能用于非线性概率模型的中介效应分析，也适用于多维中介变量的情形，因此，本节采用 KHB 方法来检验匹配度是否为相亲影响婚姻质量的渠道。

三、基于 KHB 方法的中介效应分析

表 5.7 报告 KHB 方法的检验结果，前 4 列以婚姻满意度为因变量，后 4 列以是否离婚为因变量。列 1、列 2、列 5、列 6 以精神匹配度为中介变量，仅列 1 和列 2 的中介效应系数显著为负，说明夫妻之间的精神匹配度是相亲影响婚姻满意度的显著性路径，相亲通过影响夫妻在家庭观和婚姻观方面的观点匹配程度进而对婚姻满意度产生显著的负向影响。然而，精神匹配度不是相亲影响婚姻稳定性的显著性路径。列 3、列 4、列 7、列 8 以物质匹配度为中介变量，这 4 列的中介效应均不显著，说明物质匹配度未发挥显著的中介作用。

表 5.7　　　　　　　　　**基于 KHB 方法的中介效应检验**

因变量	婚姻满意度				婚姻稳定性：是否离婚			
中介变量	精神匹配度		物质匹配度		精神匹配度		物质匹配度	
模型	有序 Logit	有序	有序	有序	有序	有序	有序	有序
	Logit	Probit	Logit	Probit	Logit	Probit	Logit	Probit
	(1)	(2)	(3)	(4)	(5)	(6)	(7)	(8)
中介	-0.0054*	-0.0023*	0.0002	0.0001	0.0001	-0.0000	-0.0015	-0.0005
效应	(-1.73)	(-1.71)	(0.56)	(0.54)	(0.15)	(-0.03)	(-0.35)	(-0.35)
观测值	18186	18186	16627	16627	17259	17259	15997	15997

注：括号内()为 t 统计量，***、**、*分别代表在 1%、5%、10%水平上显著。

第五节　本章小结

相亲如何影响婚姻质量？为了回答这个问题，本章从理论和实证两方面展开分析。理论模型是第三章的理论模型的延伸，经推导发现，最优相亲结婚对象往往不是最优恋爱结婚对象。基于理论模型，运用联立方程模型、中介效应模型和工具变量法等多种计量技术展开实证研究。

本章以生活幸福感作为婚姻质量的主要衡量指标，通过建立联立方程模型，分析相亲结婚对幸福感的作用机制。结果发现，相亲结婚通过降低夫妻收入和、夫妻收入差距进而正向作用于幸福感，即相亲结婚经由物质匹配度路径进而影响幸福感的中介效应显著为正，该结论对男性、女性以及不同婚龄的群体都成立。这为社会上四处盛行的“相亲角”“相亲潮”提供了一种正面的评价。实证还表明，相亲结婚通过提高夫妻之间的观点差异程度进而负向作用于幸福感，即相亲结婚经由精神匹配度路径进而影响幸福感的中介效应显著为负，该结论也适用于女性样本和婚龄超过 15 年的群体。这也是单身人口，特别是重视精神匹配度的单身人士拒绝相亲结婚的一个重要理由。

进一步地，本章第四节以婚姻满意度和婚姻稳定性作为衡量婚姻质量的替代性指标，建立中介效应模型，采用KHB方法实证分析了相亲对婚姻满意度和婚姻稳定性的作用机制。结果发现，相亲通过影响夫妻之间的精神匹配程度进而降低了婚姻满意度，精神匹配度是相亲影响婚姻满意度的重要渠道，但不是影响婚姻稳定性的显著性渠道。

由此可见，尽管夫妻匹配度是相亲结婚影响幸福感的显著路径，但相亲结婚对幸福感的总效应是不显著的，无论是男性还是女性，无论在短期还是长期，其他条件相等时，相亲式婚姻和恋爱式婚姻在幸福感上无明显差异。这和我们的理论预期一致，也和第四章的观点相吻合，即相亲式婚姻较高的婚姻稳定性一定程度上弥补了相亲带来的婚姻满意度的损失，而婚姻稳定性和婚姻满意度都是生活幸福感的重要来源，从总体来看，相亲结婚对生活幸福感无显著性影响。该结论有利于消除广大拒绝相亲结婚的单身人口一个重要的顾虑，即相亲结婚是否没有恋爱结婚幸福。在单身队伍不断壮大的背景下，本章的研究为各类相亲活动、联谊活动的推进提供了重要的理论支撑。需要注意的是，本章的研究表明，相亲降低了夫妻之间的精神匹配度进而对幸福感和婚姻满意度带来不利影响，因此，各类相亲联谊活动的组织者应当以降低或者避免相亲结婚造成的负向影响为重要考量因素。相亲活动的组织者或策划方(婚介、亲友、父母或其他组织)不仅需要考虑相亲男女在物质上的适配性，还应当在掌握相亲男女信息的基础上，充分了解相亲男女的价值观、世界观、人生观等，让单身人群通过相亲找到物质相配，同时心灵相通的人生伴侣。

本章参考文献

[1] 陈勇兵，李燕，周世民．中国企业出口持续时间及其决定因素．经济研究，2012(7)：48-61.

[2] 郭继强，费舒澜，林平．越漂亮，收入越高吗？——兼论相貌与收

入的“高跟鞋曲线”. 经济学(季刊), 2016(4): 147-172.

[3] 郭志刚. 对中国1990年代生育水平的研究与讨论. 人口研究, 2004(2): 10-19.

[4] 李建新, 王小龙. 初婚年龄、婚龄匹配与婚姻稳定? ——基于CFPS 2010年调查数据. 社会科学, 2014(3): 80-88.

[5] 彭大松, 陈友华. 初婚解体风险变化趋势及其影响因素? ——基于CFPS2010数据的分析. 人口与社会, 2016(3): 85-97.

[6] 王智波, 李长洪. 好男人都结婚了吗? ——探究中国男性工资婚姻溢价的形成机制. 经济学(季刊), 2016(2): 917-940.

[7] 许琪, 邱泽奇, 李建新. 真的有“七年之痒”吗? ——中国夫妻的离婚模式及其变迁趋势研究. 社会学研究, 2015(5): 216-241.

[8] 周广肃, 孙浦阳. 互联网使用是否提高了居民的幸福感——基于家庭微观数据的验证. 南开经济研究, 2017(3): 18-33.

[9] Arriaga X. B., Slaughterbeck E. S., Capezza N. M., Hmurovic J. L.. From bad to worse: Relationship commitment and vulnerability to partner imperfections. Personal Relationship, 2007, 14(3): 389-409.

[10] Autor D. H., Dorn D., Hanson G. H.. When Work Disappears: Manufacturing Decline and the Falling Marriage-Market Value of Men. Cepr Discussion Papers, 2017.

[11] Acock, A. C.. Discovering Structural Equation Modeling Using Stata. Revised Edition. TX: Stata Press, 2013.

[12] Adams, B. N.. Themes and Threads of Family Theories: A Brief History. Journal of Comparative Family Studies, 2010, 41(4): 499-505.

[13] Allendorf, K., R. K. Pandian. The Decline of Arranged Marriage? Marital Change and Continuity in India. Population & Development Review, 2016, 42(3): 435-464.

[14] Batabyal, A. A.. On the likelihood of finding the right partner in an arranged marriage. Journal of Socio-Economics, 2001, 30(3): 273-280.

[15] Batabyal, A. A., H. Beladi. Arranged or love marriage? That is the question. Applied Economics Letters, 2002, 9(13): 893-897.

[16] Becker, G. S., K. M. Murphy, J. L. Spenkuch. The manipulation of children's preferences, old age support, and investment in children's human capital. Journal of Labor Economics, 2016, 34(2): 3-30.

[17] Becker, G. S.. A Theory of Marriage: Part I. Journal of Political Economy, 1973, 81(4): 814-46.

[18] Blood, R.. Love Match and Arranged Marriage. New York: Free Press, 1967.

[19] Brandt, L., H. Li, L. Turner, J. Zou. Are China's "Leftover Women" really leftover: An investigation of marriage market penalties in modern-day China. Working Paper of University of Toronto, 2016.

[20] Fernandez, R., N. Guner, J. Knowles. Love and Money: A Theoretical and Empirical Analysis of Household Sorting and Inequality. Quarterly Journal of Economics, 2005, 120(1): 273-344.

[21] Ghimire, D. J., W. G. Axinn, S. T. Yabiku, A. Thornton. Social change, premarital nonfamily experience, and spouse choice in an arranged marriage society. American Journal of Sociology, 2006, 111(4): 1181-1218.

[22] Huang, F., G. Z. Jin, L. C. Xu. Love, money, and parental goods: Does parental matchmaking matter. NBER working papers, 2016, NO. 22586.

[23] Huang, F., G. Z. Jin, L. C. Xu. Love and Money by Parental Matchmaking: Evidence from Urban Couples in China. American Economic Review, 2012, 102(102): 555-560.

[24] Hwang, J.. Housewife, "gold miss," and equal: the evolution of educated women's role in Asia and the U. S. Journal of Population Economics, 2016, 29 (2): 529-570.

[25] Iyengar, S., S. Warburton. The Art of Choosing. Little Brown Book Group, 2010.

[26] Lee, G. R., L. H. Stone. Mate-selection systems and criteria: Variation according to family structure. Journal of Marriage and Family, 1980, 42(2): 319-326.

第六章
“相亲热”推动了相亲结婚吗

前文的研究表明，相亲式婚姻的婚姻满意度低于恋爱式婚姻，相亲结婚的夫妻双方在精神匹配度上要低于恋爱结婚，但相亲式婚姻较高的婚姻稳定性一定程度上弥补了相亲带来的婚姻满意度的损失，而且从总体来看，相亲结婚对生活幸福感无显著性影响。前文的结论给我们的一个重要的启示是，各类相亲活动要以提高相亲双方的精神匹配度和物质匹配度为双重目标，而不能只重视双方在物质条件上的适配性，否则，相亲活动难以吸引单身人口加入。换言之，如果只是考虑人们对物质条件的需求，而忽略了单身人群对未来伴侣精神层面的需求，那么，这样的相亲活动则是盲目而无效的。鉴于此，一个重要的问题是，目前持续发酵的相亲热潮有效吗？能够有助于人们告别单身吗？抑或只是在逼婚压力下迫于孝道的一种“走形式”，不能真正实现相亲结婚？本章主要围绕这个问题展开讨论。

第一节　基于相亲大数据的统计分析

1. 如何用数据来度量相亲热潮？

目前大多数研究从各地的“相亲角”、相亲类电视节目展开讨论，尚未有文献用数据来衡量“相亲热”，因而也未出现“相亲热”有关的实证研究。大数据的蓬勃发展为我们度量“相亲热”提供了一种思路。事实上，在经济学领域，基于大数据的实证研究是一个越来越流行的趋势，例如 Qin 和 Zhu(2018)用“移民”关键词的百度指数来衡量人们的国际移民意愿。为了弥补既有研究缺少量化分析的缺陷，本章通过运用爬虫技术，从网页上提取网民对“相亲”关键词的搜索趋势(百度指数)，并用来衡量“相亲热”。

2. 相亲与相亲结婚的热度对比

图 6.1 表示中国网民对“相亲”和“相亲结婚”两个关键词的关注热度随时间的变化趋势(月度百度指数)。从图 6.1 可知，中国的相亲关注度居高不下，相比之下，相亲结婚的关注度较低，这和日本的情况非常类似(见图 1.26)。由此可见，这场由父母主动的节假日相亲热潮的确引起了人们的广泛关注，这从相亲热度几乎都是在每年的 1 月和 2 月之间出现波峰可以看出，但是，人们对“相亲结婚”的关注度还是非常低。

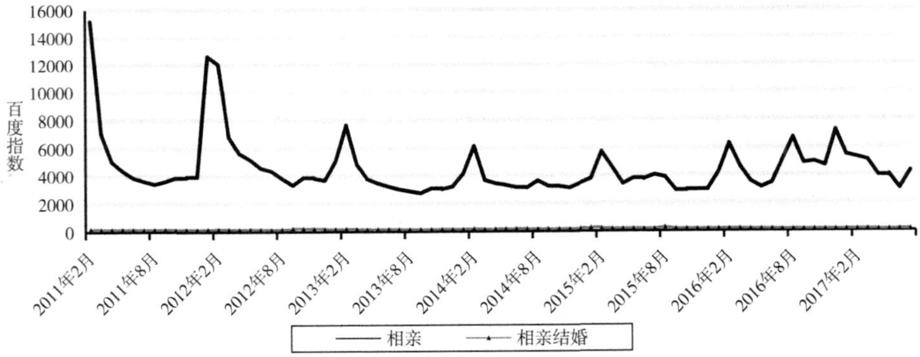

图 6.1 相亲、相亲结婚的网络关注度(中国)

资料来源：百度指数(http：//index. baidu. com)。

据此，一个重要的问题是，由广大父母主导的新一轮相亲热能否重演 20 世纪 80 年代的“相亲热”辉煌战绩，推动单身子女相亲结婚？对该问题的研究不仅有利于正确评价相亲热潮，也有利于未来单身人口问题的政策制定，具有较强的现实意义。遗憾的是，尽管相亲关注度一直居高不下，但少有文献研究相亲的成功率，运用经济学方法研究相亲现象的文献屈指可数。

哪些因素决定了人们选择相亲结婚还是恋爱结婚？相亲结婚影响婚姻质量？如何影响？本书第三章、第四章和第五章已经围绕这些问题展开了理论和实证两方面的研究。本章在此基础上，继续探究宏观上的相亲热潮是否影响微观个体的配偶搜寻方式，并基于日本数据，进行跨国比较分析。

第二节　实证模型设定与数据说明

一、模型设定

（一）基准模型

为了验证宏观上的“相亲热”对微观个体是否选择相亲结婚的影响，我们根据地理信息，将宏观上的相亲热度数据和微观个体数据进行匹配，同时设定二值选择模型如下：

$$\text{blindm}_i = a_0 + a_1\text{boom}_{0i} + a_2\text{boom}_{1i} + a_3\text{boom}_{2i} + a_4X + a_5X_1 + a_6X_2 + \varepsilon_i \tag{6.1}$$

其中，下标 i 表示第 i 个受访人，blindm_i 为是否选择相亲结婚的哑变量。由于受访人的结婚年份、所在省份不尽相同，本章以受访人的结婚年份为基准，将各省结婚年份的相亲热度年数据与微观数据的省份信息进行匹配，将匹配后的相亲热度年数据定义为 boom_{0i}。考虑到从认识结婚对象到成功缔结婚姻期间，受访人均有可能受到“相亲热”的影响，我们将各省结婚年份滞后一年、滞后二年的相亲热度数据与微观数据的省份信息相匹配，从而得到受访人所在省份在结婚年份滞后一年、滞后二年的相亲热度数据 boom_{1i}、boom_{2i}。X 为基本控制变量，包括性别、年龄、受教育水平、配偶受教育水平、是否初婚（是 = 1）、结婚年份虚拟变量等。

为检验回归结果的稳健性，本章根据中日两国微观数据的各自特征，在中国数据的回归分析中，添加控制变量 X_1，包括外貌、待人接物水平、语言表达能力、受访人对家庭和睦的重视程度、对配偶亲密关系的重视程度、收入加1对数、配偶收入加1对数；在日本数据的回归分析中，添加控制变量 X_2，包括是否为正式职员(是 = 1)、配偶是否为正式职员(是 = 1)、交往过的异性人数、恋爱方面的主动程度。

(二)考虑新式相亲

正如前文所提及的，日本自2008年起“婚活”一次流行开来，“婚活”指代一切以结婚为目的的各类婚姻活动。“婚活”代表的行动范围较广，不仅包括父母、亲朋好友介绍的传统相亲活动，还包括各类新式相亲，例如联谊活动、地区性相亲大会、婚介公司或相亲网站的注册、新娘预备学校的学习等。相应地，相亲结婚可以细分为新式相亲结婚和传统相亲结婚。

要实证分析宏观上的相亲热度对微观个体选择新式相亲结婚和传统相亲结婚的影响，则需要掌握微观个体的细分类型的相亲结婚信息。幸运的是，日本的数据正好包含了上述信息。据此，本章建立多值选择模型：

$$\mathbf{blindn}_i = b_0 + b_1\mathbf{boom}_{0i} + b_2\mathbf{boom}_{1i} + b_3\mathbf{boom}_{2i} + b_4X + b_6X_2 + \varepsilon_{2i} \tag{6.2}$$

其中，$\mathbf{blindn}_i$ 表示3种配偶搜寻方式，分别为传统相亲结婚、新式相亲结婚与恋爱结婚，这里以恋爱结婚为参考方案，其他变量的设定和(6.1)式相同。

二、中日两国数据的变量说明

(一)数据来源

本章共使用2套微观数据，分别来自中国家庭追踪调查(CFPS)2010年、2012年、2014年数据和日本结婚·出产调查第7回(2013年)、第8

回(2014 年)数据，前者由北京大学中国社会科学调查中心(ISSS)实施，后者由日本明治安田生活福祉研究所实施。我们将中国相亲热度的年数据与微观数据的省份信息相匹配，相亲热度的分省大数据来自百度指数，同时，将日本相亲热度、婚活热度的年数据与微观数据的都道府县信息相匹配，日本的大数据来自谷歌趋势。变量定义如下。

(二)关键变量定义

1. 相亲结婚($blindm_i$、$blindn_i$)

两套微观数据中，相亲结婚的变量设定类似，以 CFPS 数据为例，我们删除父母包办和认识配偶方式不详的样本，若受访人经由亲友或婚介认识现任配偶，则 $blindm_i$ 设为 1，若自己认识配偶，则设为 0。本章对日本数据进一步细分为传统相亲结婚与新式相亲结婚，若为恋爱结婚，$blindn_i$ 设为 0。若受访人通过父母、亲友等熟人认识配偶，$blindn_i$ 设为 1，若受访人通过婚介、结婚相谈所、婚恋网站、联谊、相亲大会等形式认识配偶，$blindn_i$ 设为 2。

2. 相亲热度

本章采用爬虫技术，搜集中国 31 个省 2011—2014 年“相亲”关键词在百度搜索引擎上整体搜索趋势的年度数据，将其定义为中国的相亲热度。同时，搜集日本 47 个都道府县(与中国的行政区划省市自治区类似)的“見合い”(译为相亲)关键词的谷歌趋势年数据(Google Trends)，将其定义为日本的相亲热度。前者可获取 2004—2014 年的数据，后者可获取 2008—2014 年数据。①

① 日本的行政区划是都道府县。共有 1 都、1 道、2 府、43 县。1 都：东京都，日本的政治、经济和文化等的中心。1 道：北海道，其开发比日本国内其他地方略晚。2 府：京都府和大阪府，关西地区的主要地方是关西的历史和经济的中心地带。43 县：除都、道、府以外，分布在日本全国的 43 个县，县相当于中国的省(当然面积要小得多)。

第三节　“相亲热”是否推动相亲结婚的实证结果

(6.1)式的因变量为个体微观数据，核心解释变量为宏观层面的相亲热度数据与滞后期相亲热度数据。一般而言，个体数据对搜索引擎整体搜索趋势的影响甚微，因此认为基本不存在互为因果关系导致的内生性问题。根据因变量的数据特征，本章采用 Logit 模型和 Probit 模型估计(6.1)式。

一、中国的“相亲热”影响相亲结婚吗：二元选择模型

表 6.1 为基于中国数据的估计结果，列 1 和列 3 报告了 Logit 模型的回归结果，列 2 和列 4 报告了 Probit 模型的回归结果，经比较可知，Logit 模型和 Probit 模型的系数显著性、正负符号基本一致，说明回归结果基本稳健。为了检验核心解释变量相亲热度的系数对控制变量的加入是否具有敏感性，列 1、列 2 包含基本控制变量，列 3 与列 4 分别在列 1、列 2 的基础上添加了控制变量 X_1，但相亲热度的估计系数仍然不显著，说明结婚年份的相亲热度、结婚年份滞后 1 年的相亲热度、结婚年份滞后 2 年的相亲热度对个体是否选择相亲结婚均无显著性影响。该结果较好地解释了图 6.1，虽然相亲热度依旧“高烧不退”，但是这股相亲热潮未能有效协助单身个体告别单身。

控制变量中，受教育程度的估计系数显著为负，说明受教育程度越高，相亲结婚的可能性越低，这和第三章的结论相吻合。

二、日本的“相亲热”影响相亲结婚吗：二元选择模型

表 6.2 报告了基于日本数据的回归结果，无论在 Logit 模型还是 Probit 模型中，无论是否加入控制变量 X_1，结婚年份的相亲热度、结婚年份滞后 1 年的相亲热度、结婚年份滞后 2 年的相亲热度的系数均不显著，这和中国的情形类似。

表 6.1　中国的“相亲热”影响相亲结婚吗？
——基于 Logit 模型和 Probit 模型的分析

国家	中国			
模型类型	Logit	Probit	Logit	Probit
	(1)	(2)	(3)	(4)
相亲热度	0.000	0.000	0.000	0.000
	(0.95)	(0.90)	(1.00)	(0.95)
相亲热度滞后 1 年	0.000	0.000	0.000	0.000
	(0.48)	(0.51)	(0.54)	(0.61)
相亲热度滞后 2 年	−0.000	−0.000	−0.000	−0.000
	(−0.40)	(−0.39)	(−0.51)	(−0.52)
性别	−0.140	−0.084	−0.152	−0.091
	(−1.19)	(−1.16)	(−1.28)	(−1.25)
年龄	0.035***	0.020***	0.036***	0.020***
	(3.02)	(2.96)	(3.04)	(2.97)
是否初婚	0.168	0.098	0.205	0.118
	(0.61)	(0.58)	(0.73)	(0.69)
受教育程度	−0.078***	−0.047***	−0.085***	−0.052***
	(−3.97)	(−3.98)	(−4.18)	(−4.21)
配偶受教育程度	−0.029	−0.018	−0.031*	−0.019*
	(−1.59)	(−1.59)	(−1.66)	(−1.67)
结婚年份虚拟变量	是	是	是	是
其他控制变量	无	无	X_1	X_1
观测值	1344	1344	993	993

注：括号内( )为 t 统计量，***、**、* 分别代表在 1%、5%、10% 水平上显著。控制变量 X_1 包括外貌、待人接物水平、语言表达能力、受访人对家庭和睦的重视程度、对配偶亲密关系的重视程度、收入加 1 对数、配偶收入加 1 对数。

表 6.2 日本的“相亲热”影响相亲结婚吗？
——基于 Logit 模型和 Probit 模型的分析

国家	日本			
模型类型	Logit	Probit	Logit	Probit
	(1)	(2)	(3)	(4)
相亲热度	0.002	0.001	0.002	0.001
	(0.63)	(0.63)	(0.47)	(0.47)
相亲热度滞后 1 年	0.001	0.000	0.001	0.001
	(0.15)	(0.14)	(0.22)	(0.22)
相亲热度滞后 2 年	0.001	0.001	0.001	0.001
	(0.31)	(0.31)	(0.32)	(0.32)
性别	0.180**	0.113**	0.185**	0.116**
	(2.18)	(2.19)	(2.02)	(2.03)
年龄	0.038***	0.024***	0.038***	0.023***
	(4.48)	(4.51)	(4.34)	(4.36)
是否初婚	0.535**	0.330**	0.465**	0.286**
	(2.38)	(2.38)	(2.04)	(2.04)
受教育程度	-0.219***	-0.137***	-0.230***	-0.144***
	(-4.02)	(-4.03)	(-4.15)	(-4.16)
配偶受教育程度	-0.147***	-0.092***	-0.169***	-0.105***
	(-2.81)	(-2.81)	(-3.16)	(-3.15)
结婚年份虚拟变量	是	是	是	是
其他控制变量	无	无	X_2	X_2
观测值	2522	2522	2522	2522

注：括号内( )为 t 统计量，***、**、* 分别代表在 1%、5%、10%水平上显著。控制变量 X_2 包括是否为正式职员(是=1)、配偶是否为正式职员(是=1)、交往过的异性人数、恋爱方面的主动程度。

结合表6.1和表6.2可知，中日两国的相亲热潮均未有效助推相亲结婚。而且，无论在中国还是日本，受教育程度越高，越不可能相亲结婚。

三、“相亲热”影响新式相亲结婚吗：多值选择模型

表6.3为(6.2)式的多项Logit模型与多项Probit模型的估计结果。从相亲热度的系数可知，多项Logit模型与多项Probit模型的系数显著性、正负符号一致，说明回归结果基本稳健。由于多项Logit模型的前提条件是满足无关方案的独立性(简记为IIA)假设，但实际上，不同方案之间可能具有相关性，这里以多项Probit模型的结果为准。

观测相亲热度的系数可知，结婚年份的相亲热度、结婚年份滞后1年的相亲热度对个体的配偶搜寻方式无显著性影响；同等条件下，与恋爱结婚相比，结婚年份滞后2年的相亲热度越大，个体越有可能选择新式相亲结婚，但对个体是否选择传统相亲结婚无显著影响。

表6.3 “相亲热”对传统相亲结婚、新式相亲结婚的影响——基于日本数据

	多项Logit模型(基准选项：恋爱结婚)				多项Probit模型(基准选项：恋爱结婚)			
	传统相亲结婚	新式相亲结婚	传统相亲结婚	新式相亲结婚	传统相亲结婚	新式相亲结婚	传统相亲结婚	新式相亲结婚
	(1)	(2)	(3)	(4)	(5)	(6)	(7)	(8)
相亲热度	0.002	0.003	0.001	0.002	0.001	0.002	0.001	0.001
	(0.42)	(0.58)	(0.30)	(0.42)	(0.42)	(0.58)	(0.29)	(0.41)
相亲热度	0.005	−0.006	0.005	−0.006	0.004	−0.004	0.004	−0.004
滞后1年	(1.15)	(−1.21)	(1.23)	(−1.15)	(1.09)	(−1.12)	(1.19)	(−1.07)
相亲热度	−0.006	0.012**	−0.006	0.013***	−0.005	0.009**	−0.005	0.009**
滞后2年	(−1.47)	(2.51)	(−1.50)	(2.58)	(−1.33)	(2.35)	(−1.39)	(2.42)
控制变量	X	X	X、X_2	X、X_2	X	X	X、X_2	X、X_2
观测值	2522	2522	2522	222	2522	2522	2522	2522

注：括号内()为t统计量，***、**、*分别代表在1%、5%、10%水平上显著。控制变量X包括性别、年龄、受教育水平、配偶受教育水平、是否初婚(是=1)、结婚年份虚拟变量等，控制变量。控制变量X_2包括是否为正式职员(是=1)、配偶是否为正式职员(是=1)、交往过的异性人数、恋爱方面的主动程度。

进一步地，我们删除 $boom_{0i}$、$boom_{1i}$，对(6.2)式进行回归分析，结果如表6.4所示。根据表6.4，结婚年份滞后2年的相亲热度显著提高了新式相亲结婚的可能性，但结婚年份滞后2年的相亲热度对个体选择传统相亲结婚与恋爱结婚的影响程度无显著性差别。这和表6.3的结论一致，说明回归结果稳健。

表6.4 **“相亲热”对传统相亲结婚、新式相亲结婚的影响——稳健性检验**

	多项 Logit 模型(基准选项：恋爱结婚)				多项 Probit 模型(基准选项：恋爱结婚)			
	传统相亲结婚	新式相亲结婚	传统相亲结婚	新式相亲结婚	传统相亲结婚	新式相亲结婚	传统相亲结婚	新式相亲结婚
相亲热度滞后2年	-0.003 (-0.75)	0.010** (2.48)	-0.003 (-0.81)	0.011** (2.53)	-0.002 (-0.64)	0.007** (2.37)	-0.002 (-0.71)	0.008** (2.40)
控制变量	X	X	X、X_2	X、X_2	X	X	X、X_2	X、X_2
观测值	2522	2522	2522	2522	2522	2522	2522	2522

注：括号内()为 t 统计量，***、**、*分别代表在1%、5%、10%水平上显著。控制变量 X 包括性别、年龄、受教育水平、配偶受教育水平、是否初婚(是=1)、结婚年份虚拟变量等，控制变量。控制变量 X_2 包括是否为正式职员(是=1)、配偶是否为正式职员(是=1)、交往过的异性人数、恋爱方面的主动程度。

第四节 本章小结

持续发酵的“相亲热”能否推动相亲结婚？对该问题的研究具有重要的现实意义。本章基于中日两国数据，实证研究了这一问题，主要贡献有两点。第一，根据微观个体数据的地理位置信息，首次将相亲大数据和微观个体数据进行匹配，实证分析了中日两国宏观上的相亲热度对个体选择相亲结婚的影响，结果表明，“相亲热”对人们是否选择相亲结婚无显著性影响，中国和日本数据均支持该观点。第二，基于日本数据的分析发现，“相亲热”对新式相亲结婚具有显著的正向推动作用，但“相亲热”对个体选择传统相亲结婚与恋爱结婚的影响程度无显著性差别。

结合中国和日本的经验证据，我们可以基本认为，由父母主导的传统相亲热潮难以有效解决单身子女的婚姻问题，依托政府力量或社会组织等开展的新式相亲热潮则在一定程度上有利于助推了相亲结婚。本章的结论对我们更为科学的判断中国式逼婚的有效性提供了一种经验证据，而且，通过对日本数据的实证研究，也为我们探究和推进有效的相亲活动提供了一种新的启示。此外，值得我们思考的是，日本的相亲热潮为何能推动新式相亲结婚？弄清这一问题有利于中国对症下药，从而制定更加精准的单身人口政策。第七章将围绕该问题展开讨论。

本章参考文献

[1]雷晓燕，许文健，赵耀辉．高攀的婚姻更令人满意吗？婚姻匹配模式及其长远影响．经济学季刊，2014(1)：31-50.

[2]山田昌弘，白河桃子．“婚活”时代．山东人民出版社，2010.

[3]水落正明．学卒直後の雇用状態が結婚タイミングに与える影響．生活経済学研究，2006，(22)：167-176.

[4]孙沛东．“白发相亲”——上海相亲角的择偶行为分析．南方人口，2012，27(2)：30-36.

[5]谭进，胡一敏．“父母包办相亲”是提高婚恋效率还是“开历史倒车”．观察与思考，2007(19)：28-29.

[6]吴要武，刘倩．高校扩招对婚姻市场的影响：剩女？剩男？．经济学季刊，2014(1)：5-30.

[7]袁晓燕．众里寻他!？——一个基于婚姻匹配理论的综述．南方经济，2017(2)：87-101.

[8]张翼．单身未婚：“剩女”和“剩男”问题分析报告——基于第六次人口普查数据的分析．甘肃社会科学，2013(4)：50-53.

[9] Edlund L, Lagerlöf N P.. Individual versus Parental Consent in

Marriage: Implications for Intra-Household Resource Allocation and Growth. American Economic Review, 2006, 96(2): 304-307.

[10] Huang F, Jin G Z, Xu L C.. Love and Money by Parental Matchmaking: Evidence from Urban Couples in China. American Economic Review, 2012, 102(3): 555-560.

[11] Huang F, Jin G Z, Xu L C.. Love, money, and parental goods: Does parental matchmaking matter. NBER Working Paper, 2016.

[12] Jacobs J A, Labov T G.. Gender Differentials in Intermarriage Among Sixteen Race and Ethnic Groups. Sociological Forum, 2002, 17(4): 621-646.

[13] Kalmijn M, Flap H.. Assortative Meeting and Mating: Unintended Consequences of Organized Settings for Partner Choices. Social Forces, 2001, 79(4): 1289-1312.

[14] Lee G R, Stone L H.. Mate-Selection Systems and Criteria: Variation according to Family Structure. Journal of Marriage & Family, 1980, 42(2): 319-326.

[15] Lewis S K, Oppenheimer V K.. Educational assortative mating across marriage markets: Nonhispanic whites in the United States. Demography, 2000, 37(1): 29-40.

[16] Loh, C., E. J. Remick. China's skewed sex ratio and the one-child policy. The China Quarterly, 2015, 222(6): 295-319.

[17] Luo S, Klohnen E C.. Assortative mating and marital quality in newlyweds: a couple-centered approach. Journal of Personality & Social Psychology, 2005, 88(2): 304.

[18] Moore, M.. Changing India, wedded to tradition: arranged marriages persist with 90s twists. The Washington Post, 1994.

[19] Murstein, B. I.. Mate Selection in the 1970s. Journal of Marriage & Family, 1980, 42 (4): 777-792.

[20] Qin Y, Zhu H.. Run away? Air pollution and emigration interests in

China. Journal of Population Economics, 2018, 31(1): 1-32.

[21] Schwartz, B.. The Paradox of Choice: Why More Is Less. Brilliance Audio, 2014.

[22] StataCorp. Stata structural equation modeling reference manual. Stata Press/StataCorp, 2011.

[23] Strange H.. Continuity and Change: Patterns of Mate Selection and Marriage Ritual in a Malay Village. Journal of Marriage & the Family, 1976, 38 (3): 561.

[24] Thornton A, Fricke T E.. Social change and the family: Comparative perspectives from the west, China, and South Asia. Sociological Forum, 1987, 2 (4): 746-779.

[25] Tokuhiro, Y.. Marriage in Contemporary Japan. New York: Routledge, 2010.

[26] Tsutsui, J.. The Transitional Phase of Mate Selection in East Asian Countries. International Sociology, 2013, 28(3): 257-276.

[27] Xu X, Whyte M K. Love Matches and Arranged Marriages: A Chinese Replication. Journal of Marriage & the Family, 1990, 52(3): 709-722.

第七章
婚活热潮为何推动了相亲结婚？

第六章的实证结果表明，中国的相亲热潮无助于推动单身个体的相亲结婚，日本的数据同样支持这一观点。值得一提的是，日本的相亲热潮虽然未能推动传统相亲结婚，但对于推动新式相亲结婚具有一定的正向作用。然而，第六章尚未探究日本的“相亲热”为什么推动了新式相亲结婚。本章在第六章的基础上，结合日本的“婚活”背景，展开实证研究。

“婚活”一词自2008年出现以来，婚活热潮不断上升，从2009年起开始超过传统相亲的热度。从第一章的图1.26也可看出，传统的相亲在日本不再流行，以新式相亲为典型代表的“婚活”热潮近年来不断走向新高。不同于经由父母、亲友介绍的传统相亲，单身个体参加“婚活”往往是主动地和自发地。“婚活”意味着单身个体给自己主动创造赢得爱情的良机，找对象就像找工作一样，努力提升自己并积极推荐自己。那么，如火如荼展开的大规模婚活热潮为何推动了新式相亲？本章将围绕这一问题展开分析。

第一节　机制分析与实证模型设定

一、婚活热潮的作用机制分析

婚活热潮如何促进人们走向新式相亲结婚？为了回答这个问题，首先需要分析婚活热潮的作用机制，如图7.1所示。“婚活热”经由路径1影响个体的3种选择，即新式相亲、传统相亲和自由恋爱。“相亲热”经由路径1和路径2导致2种结果，即婚活成功和婚活失败。

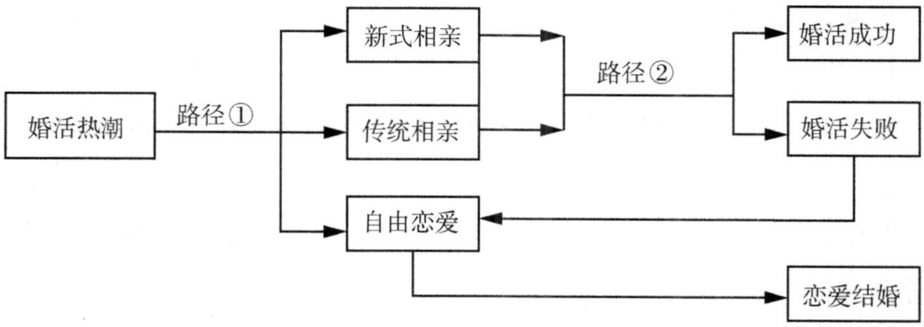

图 7.1　婚活热潮的作用机制

二、实证模型设定

(一)“婚活热”对婚活参与度与婚活成功率的影响

正如图 1.25 显示的，在已婚样本中，通过新式相亲从而实现婚活成功的占比均远超过传统相亲，所谓的婚活成功通常指的是通过新式相亲找到了结婚对象。鉴于此，在实证分析中，我们用婚活成功来表征新式相亲结婚。结合图 7.1，实证研究需检验两个问题。

(1)首先，“婚活热”是否提高了人们的婚活参与度，据此设定模型：

$$\mathbf{rkon}_i = c_0 + c_1\mathbf{rboo}_i + c_2 Z_1 + \varepsilon_{3i} \tag{7.1}$$

其中，$\mathbf{rkon}_i$ 表示受访人 i 最近 1 年是否参加过婚活，$\mathbf{rboo}_i$ 表示最近 1 年的相亲热度。日本结婚・出产调查第 7 回、第 8 回调查分别于 2013 年 2 月、2014 年 3 月实施，我们将日本各都道府县 2012 年的婚活热度数据与第 7 回微观调查数据的都道府县信息相匹配，同理，2013 年的婚活热度数据与第 8 回微观调查数据的都道府县信息相匹配，$\mathbf{rboo}_i$ 定义为经匹配后受访人所在都道府县的婚活热度。Z_1 为系列影响个体是否参加婚活的控制变量。

(2) 其次，“婚活热”是否影响婚活成功的可能性，即“婚活热”是否通过影响婚活参与度进而影响相亲结婚。该问题只针对具有婚活经历的样本，因此，我们选取参加过新式相亲、传统相亲或其他婚姻活动的样本，建立模型为：

$$\text{seikon}_i = d_0 + d_1\text{boom}_{0i} + d_1\text{boom}_{1i} + d_2\text{boom}_{2i} + d_3 Z_2 + d_4 Z_3 + \varepsilon_{4i} \tag{7.2}$$

其中，seikon_i 表示受访人婚活是否成功，Z_2 为系列影响婚活成功的基本控制变量，包括性别、是否初婚、受教育程度、是否为正式职员、最初开始婚活年龄、婚活参与契机（被逼婚、主动参与）、结婚年份虚拟变量。Z_3 为其他控制变量，包括配偶受教育程度、配偶是否为正式职员、恋爱方面的主动程度、交往人数。boom_{0i}、boom_{1i}、boom_{2i}、X 的设定和（7.1）式相同。

（二）样本自选择与 Heckprobit 模型

根据因变量的数据特征，本章采用 Logit 模型和 Probit 模型估计（7.1）式。需要注意的是，由于（7.2）式仅包括具有婚活经历的样本，因而可能存在样本选择偏差。因变量 seikon_i 为二元变量，因而较适宜采用 Heckprobit 模型进行估计。具体而言：首先，建立婚活参与的决策机制，定义 Heckprobit 模型的选择方程，如（7.3）式所示；其次，通过对选择方程的估计，获取婚姻活动的参与概率（athrho），将 athrho 作为控制变量添加到婚活是否成功的回归方程中，如（7.4）式所示。

$$\text{kon}_i = f_0 + f_1\text{boom}_{0i} + f_2\text{boom}_{1i} + f_3\text{boom}_{2i} + f_4 Z_4 + \varepsilon_{5i} \tag{7.3}$$

$$\text{seikon}_i = g_0 + g_1\text{boom}_{0i} + g_2\text{boom}_{1i} + g_3\text{boom}_{2i} + g_4 Z_2 + g_5 Z_3 + g_6\text{athrho}_i + \varepsilon_{6i} \tag{7.4}$$

其中，kon_i 表示受访人截止调查年份是否具有婚活经历，Z_4 是一组控制变量，其他变量的设定和（7.2）式相同。

三、数据说明

1. 数据来源

本章采用日本结婚・出产调查第 7 回（2013 年）、第 8 回（2014 年）数据，该调查由日本明治安田生活福祉研究所实施。同时，将日本相亲热度、婚活热度的年数据与微观数据的都道府县信息相匹配，日本的大数据来自谷歌趋势(Google Trends)。

2. 关键变量

(1)相亲结婚($blindm_i$、$blindn_i$)。

本章对日本数据进一步细分为传统相亲结婚与新式相亲结婚，若为恋爱结婚，$blindn_i$ 设为 0。若受访人通过父母、亲友等熟人认识配偶，$blindn_i$ 设为 1，若受访人通过婚介、结婚相谈所、婚恋网站、联谊、相亲大会等形式认识配偶，$blindn_i$ 设为 2。

(2)近期婚活($rkon_i$)。

日本结婚·出产调查询问了受访人最近一年的婚活经历。若受访人最近一年参加了婚活，$rkon_i$ 设为 1，否则设为 0。

(3)婚活成功($seikon_i$)与婚活经历(kon_i)。

若受访人通过参加婚姻活动从而缔结婚姻，$seikon_i$ 设为 1，否则设为 0。需要注意的是，$seikon_i$ 与 $blindm_i$ 的设定对象不同，前者仅针对具有婚活经历的样本，后者既包括有婚活经历的样本，也包括无婚活经历的样本。图 7.2 显示了按学历分组与按年收入分组的婚活成功率，成婚率随受教育程度的提高而上升，年收入在 400 万~600 万日元的群体婚活成功率最高，年收入在 600 万日元以上的群体婚活成功率次之。若受访人截至调查年份参加过婚活，则 kon_i 设为 1，否者设为 0。kon_i 与 $rkon_i$ 的区别在于，$rkon_i$ 仅针对最近 1 年的婚活经历。

第二节 “婚活热”如何推动相亲结婚的实证结果

(7.1)式至(7.4)式的因变量，均为个体微观数据，核心解释变量为宏观层面的相亲热度数据与滞后期相亲热度数据。一般而言，个体数据对搜索引擎整体搜索趋势的影响甚微，可认为基本不存在互为因果关系导致的内生性问题。为进一步验证回归结果的可信性，我们尝试了一些消除潜在

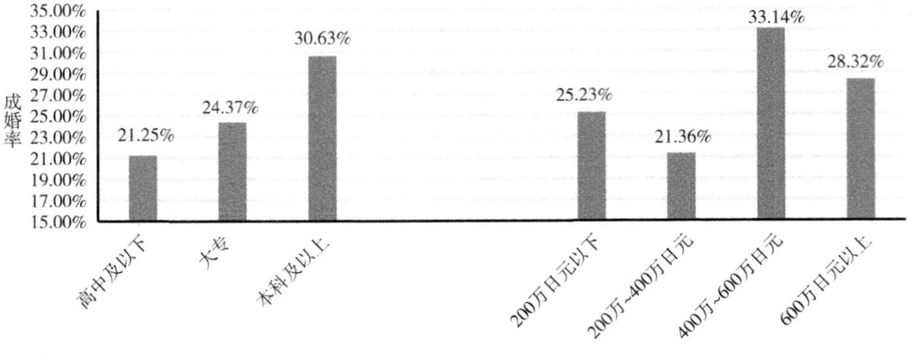

图 7.2 2 种分组下婚活的成婚率

资料来源：作者基于明治安田生活福祉研究所结婚·出产调查第 8 回数据整理得到。

内生性的操作。

一、“婚活热”影响个体婚活参与程度吗

1. 基本检验

表 7.1 的前 4 列报告了(7.1)式的基本估计结果。前 4 列中，最近 1 年婚活热度($rboo_i$)的估计系数在 Logit 模型和 Probit 模型中均显著为正，说明最近 1 年的婚活热潮显著推动了个体参与婚活。以列 2 为例，“婚活”关键词在谷歌搜索引擎的搜索趋势每增加 1 个单位，个体参与婚活的可能性将提高 2.22%($e^{0.022}-1$)。

2. 进一步检验

本章还选取调查年份滞后 2 年的婚活热度作为代理变量进行检验。具体而言：将日本结婚·出产 2013 年微观调查数据的都道府县信息与 2011 年各都道府县的婚活热度年数据相匹配，同理，将 2014 年的微观调查数据与 2012 年的婚活热度数据相匹配，将匹配后的数据作为核心变量加入(7.1)式回归中，结果如表 7.1 的后 4 列所示。从表 7.1 可知，调查年份滞后 2 年的婚活热度的估计系数是不显著的，说明个体某年的婚活参与决策

受到该年婚活热度的正向影响，而与其他年份的婚活热度无关。

表 7.1 “婚活热”影响个体婚活参与程度吗

	Logit (1)	Logit (2)	Probit (3)	Probit (4)	Logit (5)	Logit (6)	Probit (7)	Probit (8)
最近一年婚活热度	0.009***	0.022*	0.005***	0.013*				
	(3.01)	(1.70)	(3.01)	(1.74)				
调查年份滞后					0.000	−0.007	−0.000	−0.004
2 年婚活热度					(0.01)	(−0.85)	(−0.02)	(−0.91)
控制变量	控制	控制	控制	控制	控制	控制	控制	控制
地区固定效应	无	控制	无	控制	无	控制	无	控制
观测值	3001	3001	3001	3001	3001	3001	3001	3001

注：括号内( )为 t 统计量，***、**、* 分别代表在 1%、5%、10%水平上显著。控制变量包括性别、受教育程度、正式职员、年龄、恋爱主动程度、交往人数。

3. 按性别分组的检验

本章还运用男性样本、女性样本依次对(7.1)式进行回归，实证结果如表 7.2 所示。表 7.2 的回归结果和表 7.1 基本一致，说明结果稳健。Logit 模型和 Probit 模型的估计系数均表明，某一年的婚活热度对男性和女性该年的婚活参与决策都具有显著的正向影响，调查年份滞后 2 年的婚活热度对个体最近 1 年的婚活参与决策无显著性影响。比较男性样本和女性样本的估计系数可知，婚活热度对男性和女性的影响程度基本相当。以 Logit 模型为例，最近 1 年“婚活”关键词的搜索趋势每提高 1 个单位，男性和女性参与婚活的概率均提高 0.90%($e^{0.009}-1$)。

综上所述，“婚活热”在一定程度上正向推动了个体的婚活参与率，男性和女性的婚活参与决策均受到整体相亲氛围的影响。据此认为，婚活的典型代表，即新式相亲具有一定的传染性。

表 7.2　“婚活热”影响个体“婚活”参与程度吗?
——性别分组检验

	男性				女性			
	Logit	Probit	Logit	Probit	Logit	Probit	Logit	Probit
	(1)	(2)	(3)	(4)	(5)	(6)	(7)	(8)
最近 1 年婚活热度	0.009*	0.005*			0.009**	0.005**		
	(1.89)	(1.92)			(2.24)	(2.24)		
调查年份滞后 2 年婚活热度			−0.001	−0.001			0.001	0.000
			(−0.26)	(−0.19)			(0.19)	(0.10)
控制变量	控制	控制	控制	控制	控制	控制	控制	控制
观测值	1395	1395	1395	1395	1606	1606	1606	1606

注：括号内( )为 t 统计量，***、**、* 分别代表在 1%、5%、10%水平上显著。控制变量包括性别、受教育程度、正式职员、年龄、恋爱主动程度、交往人数。

二、“婚活热”影响个体婚活成功率吗

1. 回归结果

表 7.3 报告了 Heckprobit 模型估计结果，似然比检验 P 值均低于 0.05，说明婚活经历变量(kon_i)是内生的，采用 Heckprobit 模型较为合理。回归方程的估计系数表明，结婚年份滞后 2 年的婚活热度显著提高了婚活成功的可能性，但结婚年份及结婚年份滞后 1 年的婚活热度对婚活是否成功无显著性影响。由于从参加新式相亲到缔结婚姻还需要一段相互了解的时间，结婚年份滞后 2 年的婚活热度显著是比较合理的。

2. “婚活热”对新式相亲结婚的作用机制综合分析

综上可知，受访人在某年的婚活参与决策受到该年“婚活热”的正向推动。“婚活热”在提高婚活参与度的同时，结婚年份滞后 2 年的“婚活热”显著提高了婚活成功的概率。可见，“婚活热”通过提高婚活参与度和婚活成功率进而推动相亲结婚。需要注意的是，以非熟人为介绍人的新式相亲是婚姻活动的主要类型(见图 1.24 和图 1.25)。因此，同等条件下，与恋爱

结婚相比，结婚年份滞后2年的"婚活热"显著提高了新式相亲结婚的概率，但对传统相亲结婚无显著性影响。

表7.3　"婚活热"有助于婚活成功吗？
——以婚活热度为核心变量

	模型1		模型2	
	选择方程	回归方程	选择方程	回归方程
	(1)	(2)	(3)	(4)
婚活热度	-0.004	-0.002	-0.004	-0.002
	(-1.59)	(-0.46)	(-1.60)	(-0.57)
婚活热度滞后1年	0.001	-0.003	0.002	-0.002
	(0.41)	(-0.65)	(0.77)	(-0.48)
婚活热度滞后2年	0.003*	0.006*	0.003	0.007*
	(1.79)	(1.67)	(1.64)	(1.90)
控制变量	全部	全部	部分	部分
观测值	1634	1634	1635	1635
似然比检验 P 值		0.0058		0.0117

注：括号内( )为 t 统计量，***、**、*分别代表在1%、5%、10%水平上显著。控制变量的设定包括性别、是否初婚(是=1)、受教育程度、配偶受教育程度、正式职员(是=1)、配偶是否为正式职员、恋爱主动程度、交往人数、最初开始婚活年龄、婚活参与契机(被逼婚、主动参与)、结婚年份虚拟变量、athrho。

第三节　本章小结

在日本婚活热度居高不下的背景下，本章创新性地探讨了"婚活热"对新式相亲结婚的影响机制，结果发现，"相亲热"通过提高人们的婚活参与度与婚活成功率进而提高了新式相亲结婚的概率。

就中国持续发酵的节假日相亲热潮之所以低效，本章的结论给出了可能的解释，在相亲过程中，如果丧失了单身个体的主动性，单纯由父母或亲友主导，虽然提高了相亲的参与度，但不能提高相亲的成功率。同时，本章结论可以为中国的单身人口政策提供一些启示和借鉴，因而具有较强的现实意义。中国目前以父母和亲友主导的传统相亲热潮并不能有效助推单身人口告别单身，为了缓解单身人口压力，推行类似日本"婚活"的一些新式相亲是非常必要和迫切的。当然，新式相亲的关键要素是激发单身人口自身寻找对象的积极性，而不是被动接受，这也是各类相亲活动组织者以及政策制定者需要尤其引起足够重视的地方。

本章参考文献

[1]雷晓燕，许文健，赵耀辉．高攀的婚姻更令人满意吗？婚姻匹配模式及其长远影响．经济学季刊，2014(1)：31-50.

[2]山田昌弘，白河桃子．"婚活"时代．山东人民出版社，2010.

[3]水落正明．学卒直後の雇用状態が結婚タイミングに与える影響．生活経済学研究，2006(22)：167-176.

[4]孙沛东．"白发相亲"——上海相亲角的择偶行为分析．南方人口，2012，27(2)：30-36.

[5]谭进，胡一敏．"父母包办相亲"是提高婚恋效率还是"开历史倒车"．观察与思考，2007(19)：28-29.

[6]吴要武，刘倩．高校扩招对婚姻市场的影响：剩女？剩男？．经济学季刊，2014(1)：5-30.

[7]袁晓燕．众里寻他!？——一个基于婚姻匹配理论的综述．南方经济，2017(2)：87-101.

[8]张翼．单身未婚："剩女"和"剩男"问题分析报告——基于第六次人口普查数据的分析．甘肃社会科学，2013(4)：50-53.

[9] Edlund L, Lagerlöf N P.. Individual versus Parental Consent in Marriage: Implications for Intra-Household Resource Allocation and Growth.

American Economic Review, 2006, 96(2): 304-307.

[10] Huang F, Jin G Z, Xu L C.. Love and Money by Parental Matchmaking: Evidence from Urban Couples in China. American Economic Review, 2012, 102(3): 555-560.

[11] Huang F, Jin G Z, Xu L C.. Love, money, and parental goods: Does parental matchmaking matter. NBER Working Paper, 2016.

[12] Jacobs J A, Labov T G.. Gender Differentials in Intermarriage Among Sixteen Race and Ethnic Groups. Sociological Forum, 2002, 17(4): 621-646.

[13] Kalmijn M, Flap H.. Assortative Meeting and Mating: Unintended Consequences of Organized Settings for Partner Choices. Social Forces, 2001, 79(4): 1289-1312.

[14] Lee G R, Stone L H.. Matef-Selection Systems and Criteria: Variation according to Family Structure. Journal of Marriage & Family, 1980, 42(2): 319-326.

[15] Lewis S K, Oppenheimer V K.. Educational assortative mating across marriage markets: Nonhispanic whites in the United States. Demography, 2000, 37(1): 29-40.

[16] Luo S, Klohnen E C.. Assortative mating and marital quality in newlyweds: a couple-centered approach. Journal of Personality & Social Psychology, 2005, 88(2): 304.

[17] Strange H.. Continuity and Change: Patterns of Mate Selection and Marriage Ritual in a Malay Village. Journal of Marriage & the Family, 1976, 38(3): 561.

[18] Thornton A, Fricke T E.. Social change and the family: Comparative perspectives from the west, China, and South Asia. Sociological Forum, 1987, 2(4): 746-779.

[19] Xu X, Whyte M K.. Love Matches and Arranged Marriages: A Chinese Replication. Journal of Marriage & the Family, 1990, 52(3): 709-722.

第八章
总　论

第一节　全书总结

大规模的大龄未婚男女已经成为一个严重的社会问题。大龄未婚男女现象是如何形成的？一些学者从高校扩招的角度展开了研究（吴要武和刘倩，2014），但尚未有文献从配偶搜寻方式变迁的角度分析大龄未婚男女现象的成因。相亲和恋爱是单身人口寻找结婚对象的重要配偶搜寻方式，选择相亲结婚还是等待自由恋爱机会的出现？这是庞大的单身群体面临的一个现实问题。本书基于微观数据的统计分析发现，相亲结婚的人口占比逐渐下降，恋爱结婚的人口占比在不断上升，中国正处在从相亲结婚到恋爱结婚转变的过渡性阶段。有鉴于此，本书首次从相亲结婚和恋爱结婚的视角，研究大龄未婚男女现象的成因和对策。

大龄未婚男女现象的相关研究并不在少数，但多数文献是从婚姻匹配、同质婚、异质婚等视角着手研究的，而且基本是采用社会学的研究方法而缺乏数据支撑。本书将运用经济学的研究方法展开理论和实证研究。

相亲结婚真的靠谱吗？节假日的相亲热潮有助于人们告别单身吗？遗憾的是，几乎没有文献就这些问题展开研究，既有研究的空白和不足之处构成了本书的研究起点。下面按照主体部分的章节顺序（第三章到第七章），依次阐述本书的研究内容、核心结论以及相应的政策含义。

一、大龄未婚男女成因的一般剖析：从相亲到自由恋爱

(一)主体内容与结论

第一章的定量分析表明，大龄未婚男女和相亲结婚占比的下降密切相关，越来越多的人选择恋爱结婚，那么为何会发生这种转变。对该问题的研究有助于我们理解大龄未婚男女现象的形成原因。第三章将运用经济学的思维范式，研究个体特征对人们是否选择相亲结婚的影响。通过从理论和实证两方面研究配偶搜寻方式的转变，进而对大龄未婚男女的成因作出解释。具体而言：①基于中国 CFPS 和 CGSS 微观数据，综合运用 Logit 模型、Probit 模型、多项 Logit 模型分析选择相亲结婚的决定因素。结果发现，在中国，受教育水平越高，越倾向于恋爱结婚；观念越传统，越倾向于相亲结婚。同时，日本 JGSS 和 JPSC 微观数据也支持这一观点。②社会背景变量中，与 1961 年以前的出生队列相比，20 世纪 70 年代和 80 年代的出生队列更倾向于恋爱结婚，提高性别比将降低相亲结婚的可能性。③家庭社会资本变量中，母亲受教育程度越高，越倾向于恋爱结婚。然而，在日本，家庭社会资本对个人选择相亲结婚还是恋爱结婚无显著性影响，其可能的原因是，随着经济发展和家庭模式的改变，父母和兄弟姐妹对个体择偶、婚姻问题的介入逐渐减少。这也可能是中国未来将面临的情况。

(二)政策启示

第三章的结论首次从相亲结婚还是恋爱结婚的角度，为中国的大龄未婚男女现象提供了一种解释。同时，该结论蕴含的政策启示是，人们在接受高等教育的期间也是寻找未来伴侣的黄金阶段，单身人口政策不能仅仅针对社会人，如何协助博士生和研究生在校期间告别单身？这就需要有针对性地引导和相应的政策支持，例如学校内部或者跨校组织联谊活动，也可以经由校友会等组织举办校企之间的联谊。

二、大龄未婚男女成因的深度剖析：相亲与恋爱的婚姻质量对比

(一)主体内容与结论

第三章研究个体微观特征对个体是否选择相亲结婚的影响，从而对大龄未婚男女的成因作出一种解释。第四章在第三章的基础上，通过比较研究相亲结婚和恋爱结婚的婚姻质量，从而为越来越多的人拒绝相亲结婚提供一种理论支撑，进而为大龄未婚男女现象的成因作出深度解释。具体而言：①第四章将相亲和自由恋爱纳入理论模型，经过数理推导发现，自由恋爱式婚姻比相亲式婚姻的效用更高，相亲式婚姻比自由恋爱式婚姻更稳定。②基于理论假说，运用 CFPS2014 年的数据，建立有序 Logit 模型、有序 Probit 模型来分析相亲对婚姻满意度的影响，建立离散时间 Logistic 模型、Cox 比例风险模型来分析相亲对婚姻稳定性的影响。实证结果和理论假说一致，说明相亲降低了婚姻满意度，但也导致了更稳定的婚姻。③实证结果还表明，控制其他相关变量后，长相越漂亮，婚姻满意度更高，然而，是否漂亮对婚姻稳定性无显著性影响。这和现实相符，漂亮的人不一定擅长处理婚姻生活中出现的问题，长得漂亮不意味着婚姻稳定。④进一步地，考虑到样本选择性偏差，第四章分别以婚姻满意度、是否离婚为因变量，分别建立 Heckoprobit 模型和 Heckprobit 模型，结果发现，在考虑样本的选择性偏差后，相亲对婚姻满意度仍具有负向影响，相亲有利于降低离婚风险。⑤同时，考虑到相亲的内生性问题，本章构建两种工具变量，即父母是否相亲结婚、父母是否相亲与区县-城乡-同年龄段相亲的交互项，运用 CMP 估计法进行回归分析，实证结果再次验证了理论假说。

(二)政策启示

上述研究结论具有较强的现实意义，在同等条件下，相亲降低了婚姻满意度，这为单身人士抵触相亲的行为提供了一个合理化解释，同时，相亲提高了婚姻稳定性，这为广大父母推动的相亲潮提供了一种正面的评

价。那么，如何扬长避短，在维持恋爱带来的婚姻满意度的同时，提高恋爱式婚姻的稳定性，在维持相亲带来的婚姻稳定性的同时，提升相亲式婚姻的满意度？这不仅仅是当事人需要考虑的，还需要政策制定者和有关部门给予配套的协助和支持。如果相亲结婚在维持较高的婚姻稳定性的同时，还能保持较高的婚姻满意度，那么推动广大大龄未婚男女相亲则是一个提高社会福利的利好策略。

三、大龄未婚男女成因的再度剖析：相亲对婚姻质量的作用机制

（一）主体内容与结论

第四章的研究结论表明，相亲结婚和恋爱结婚的婚姻质量显著不同，那么，相亲是如何影响婚姻质量的？对该问题的研究，不仅有利于我们看清大龄未婚男女拒绝相亲结婚的深层原因，也为相关单身人口的政策制定提供一定的指引。围绕相亲对婚姻质量的作用机制，第五章从理论和实证两方面展开分析。①第五章的理论模型是第三章的理论模型的延伸，经推导发现，最优相亲结婚对象往往不是最优恋爱结婚对象。②这里以生活幸福感作为婚姻质量的主要衡量指标，通过建立联立方程模型，分析相亲结婚对幸福感的作用机制。结果发现，相亲结婚通过降低夫妻收入和、夫妻收入差距进而正向作用于幸福感，即相亲结婚经由物质匹配度路径进而影响幸福感的中介效应显著为正，该结论对男性、女性以及不同婚龄的群体都成立。这为社会上四处盛行的“相亲角”“相亲潮”提供了一种正面的评价。③实证还表明，相亲结婚通过提高夫妻之间的观点差异程度进而负向作用于幸福感，即相亲结婚经由精神匹配度路径进而影响幸福感的中介效应显著为负，该结论也适用于女性样本和婚龄超过15年的群体。这也是单身人口，特别是重视精神匹配度的单身人士拒绝相亲结婚的一个重要理由。④尽管夫妻匹配度是相亲结婚影响幸福感的显著路径，但相亲结婚对幸福感的总效应是不显著的，无论是男性还是女性，无论在短期还是长期，其他条件相等时，相亲式婚姻和恋爱式婚姻在幸福感上无明显差异。

这和我们的理论预期一致，也和第四章的观点相吻合，即相亲式婚姻较高的婚姻稳定性一定程度上弥补了相亲带来的婚姻满意度的损失，而婚姻稳定性和婚姻满意度都是生活幸福感的重要来源，从总体来看，相亲结婚对生活幸福感无显著性影响。该结论有利于消除广大拒绝相亲结婚的单身人口一个重要的顾虑，即相亲结婚是否没有恋爱结婚幸福。⑤进一步地，第五章第四节以婚姻满意度和婚姻稳定性作为衡量婚姻质量的替代性指标，建立中介效应模型，采用KHB方法实证分析了相亲对婚姻满意度和婚姻稳定性的作用机制。结果发现，相亲通过影响夫妻之间的精神匹配程度进而降低了婚姻满意度，精神匹配度是相亲影响婚姻满意度的重要渠道，但不是影响婚姻稳定性的显著性渠道。

（二）政策启示

在单身队伍不断壮大的背景下，第五章的研究为各类相亲活动、联谊活动的推进提供了重要的理论支撑。需要注意的是，第五章的研究表明，相亲降低了夫妻之间的精神匹配度进而对幸福感和婚姻满意度带来不利影响，因此，各类相亲联谊活动的组织者应当以降低或者避免相亲结婚造成的负向影响为重要考量因素。相亲活动的组织者或策划方（婚介、亲友、父母或其他组织）不仅需要考虑相亲男女在物质上的适配性，还应当在掌握相亲男女信息的基础上，充分了解相亲男女的价值观、世界观、人生观等，让单身人群通过相亲找到物质相配，同时心灵相通的人生伴侣。

四、大龄未婚男女问题的对策研究：相亲热潮

（一）主体内容与结论

大龄未婚男女每逢佳节被相亲的现象屡见不鲜，不断走向新高的“相亲热”能否解决单身人口问题？对该问题的研究具有重要的现实意义。①第六章基于中日两国数据，根据微观个体数据的地理位置信息，首次将相亲大数据和微观个体数据进行匹配，实证分析了中日两国宏观上的相亲

热度对个体选择相亲结婚的影响，结果表明，“相亲热”对人们是否选择相亲结婚无显著性影响，中国和日本数据均支持该观点。②基于日本数据的分析发现，“相亲热”对新式相亲结婚具有显著的正向推动作用，但“相亲热”对个体选择传统相亲结婚与恋爱结婚的影响程度无显著性差别。

（二）政策启示

结合中国和日本的经验证据，我们可以基本认为，由父母主导的传统相亲热潮难以有效解决单身子女的婚姻问题，依托政府力量或社会组织等开展的新式相亲热潮则一定程度上有利于助推了相亲结婚。第六章的结论对我们更为科学的判断中国式逼婚的有效性提供了一种经验证据，而且通过对日本数据的实证研究，也为我们探究和推进有效的相亲活动提供了一种新的启示。此外，值得我们思考的是，日本的相亲热潮为何能推动新式相亲结婚？弄清这一问题有利于中国对症下药，从而制定更加精准的单身人口政策。第七章将围绕该问题展开讨论。

五、大龄未婚男女问题的对策研究：新式相亲

（一）主体内容和结论

在日本婚活热度居高不下的背景下，第七章创新性地探讨了“婚活热”对新式相亲结婚的影响机制，结果发现，“相亲热”通过提高人们的婚活参与度与婚活成功率进而提高了新式相亲结婚的概率。

（二）政策启示

就中国持续发酵的节假日相亲热潮之所以低效，第七章的结论给出了可能的解释，在相亲过程中，如果丧失了单身个体的主动性，单纯由父母或亲友主导，虽然提高了相亲的参与度，但不能提高相亲的成功率。同时，本章结论可以为中国的单身人口政策提供一些启示和借鉴，因而具有较强的现实意义。中国目前以父母和亲友主导的传统相亲热潮并不能有效

助推单身人口告别单身，为了缓解单身人口压力，推行类似日本“婚活”的一些新式相亲是非常必要和迫切的。当然，新式相亲的关键要素是激发单身人口自身寻找对象的积极性，而不是被动接受，这也是各类相亲活动组织者以及政策制定者需要尤其引起足够重视的地方。

第二节　未来的研究方向

婚姻不仅是两个人的选择，还是两个家庭的结合。在中国，大规模的劳动力流动和城市化使得婚姻的选择愈发多样化，对于流动人口而言，可供选择的结婚对象不单单是家乡所在地的异性，还包括流入城市的单身异性，这一现象在高教育人群中尤为突出。那么，如何立足于我国现存的历史背景，运用社会学和经济学的研究方法，利用现有数据展开劳动经济学和婚姻经济学的交叉学科研究，对于丰富我国婚姻理论的相关研究，开辟交叉学科研究的新视角，均具有重要理论意义和现实应用价值，其研究结论为完善中国劳动市场政策和婚姻法等都有一定的参考意义。鉴于此，把相亲结婚、恋爱结婚和劳动力市场结合起来研究，是接下来待拓展的方向之一。

与此同时，随着电视相亲节目的爆红以及互联网的迅速普及，人们寻找配偶的方式也在发生着变化。互联网作为大众传播媒介，互联网的普及不仅极大地冲击了传统的社会观念，影响到人们对于不同生活方式和婚姻观念的认知，互联网还影响了人们业余时间的分配。互联网通过传播各种与婚姻相关的信息、组织婚姻中介平台等，还将直接改变人们的信息结构，从而改变婚姻决策。有鉴于此，将大众媒体与相亲结婚结合起来，是接下来带拓展的方向之二。

本章参考文献

[1]吴要武，刘倩．高校扩招对婚姻市场的影响：剩女？剩男？．经济

学季刊，2014(1)：5-30.

[2]袁晓燕．众里寻他!? ——一个基于婚姻匹配理论的综述．南方经济，2017(2)：87-101.

[3]张翼．单身未婚："剩女"和"剩男"问题分析报告——基于第六次人口普查数据的分析．甘肃社会科学，2013(4)：50-53.

[4]加藤久和. 人口経済学入門. 日本評論社，2001.

[5]樋口美雄. 育児休業制度の実証分析//社会保障研究所. 現代家族と社会保障. 東京大学出版会，1994：181-204.

[6]国立社会保障・人口問題研究所. 第12回出生動向基本调查第Ⅱ報告書：わが国独身層の結婚観と家族観，2004.

[7]山田昌弘. 結婚の社会学. 丸善ライブラリー，1996.

[8]山田昌弘. パラサイトシングルの時代. ちくま新書，1999.

[9]赤川学. 子どもが減って何が悪いか. 筑摩書房，2004.

[10]安藏伸治. 離婚とその要因：わが国における離婚に関する要因分析//大阪商業大学比較地域研究所，東京大学社会科学研究所. 日本版GeneralSocialSurveys 研究論文集[2]JGSSで見た日本人の意識と行動，2003：25-45.

[11]朝日新聞「変転経済」取材班. 失われた〈20年〉. 岩波書店，2009.

[12]阿藤誠，西岡八郎，津谷典子，福田亘孝. 少子化時代の家族変容：パートナーシップと出生行動. 東京大学出版会，2011.

[13]土居健郎.「甘え」の構造. 弘文堂，1971.

[14]福田節也. ジェンダーシステムと女性の結婚選択(1)ヨーロッパ諸国における「女性の経済的自立仮説」の検証. 季刊家計経済研究，2007a，76：45-53.

[15]福田節也. ジェンダーシステムと女性の結婚選択(2)日本における「女性の経済的自立仮説」の検証. 季刊家計経済研究，2007b，76：54-62.

后 记

本书的顺利完成得到了太多好心人的帮助。首先，为了收集到日本综合社会调查 JGSS 以及 JPSC 等微观数据，数据申请人需要依托日本的高校单位，且需要日本人教授的推荐。作者利用在日本爱知大学攻读双博士学位的留学机会，获得了爱知大学的森久男教授和大泽教授的推荐，成功申请到日本的微观数据。在此感谢爱知大学的森久男老师和大泽老师，如果没有他们的支持，从实证角度展开中日两国的比较研究是难以实现的。其次，本书的撰写过程中，曾得到两位导师南开大学安虎森教授、爱知大学李春利教授的悉心指教和帮助。安虎森教授在理论模型构建上给予了最根本性的引导，李春利教授对全书的框架结构、主体内容以及日文文献的表述等方面均提出了非常宝贵的意见。再次，本书是 2019 年度湖北省社科基金一般项目(后期资助项目)的最终成果，在此感谢湖北省社科办及评委专家们的支持和信任。当然，这些都离不开作者工作单位中南财经政法大学的辛苦栽培，更离不开中南财经政法大学的领导和同事们的协助和理解，也离不开家人朋友们的鼓励。在此，一并对他们致以深深的感谢，祝愿大家的生活充满平凡喜悦！

除了对人的感恩，我还想感恩茶道。不知从何时起，喝茶成为了每天的必修课。每当写作遇到疲倦或懈怠，借助一杯茶可以迅速恢复能量，重新点燃对写作的热情。

因作者水平和能力所限，本书可能还存在一些不足之处，殷切希望读者朋友们在百忙之中不吝赐教。

以上，谨以此书献给生命中所有的遇见！

叶金珍

2020 年 4 月